中芸高校格技場
(1995年)
構造図

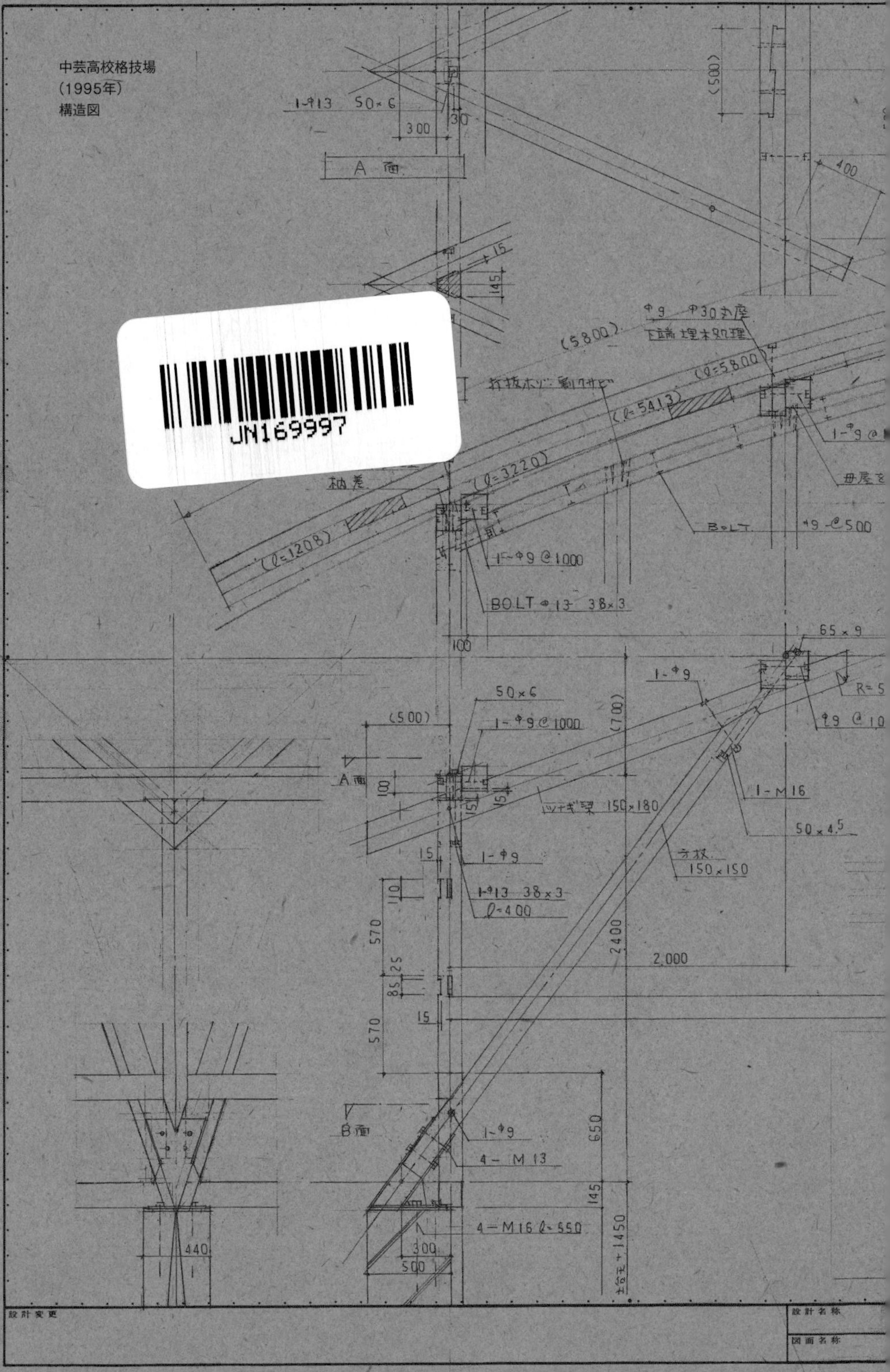

建築家の土着

地域の知恵と「土佐派の家」の仲間たち

山本長水＋山本長水の本をつくる会――著

建築家の土着

山本長水インタビュー

建築家の土着

●写真（撮影：井上玄）
カバー表・裏，P.3｜かたつむり山荘
カバー袖｜山本長水近影（相愛本社にて）

稱名寺（2001年）
撮影：井上玄

山本長水インタビュー

建築家の土着

山高くして水長し

一九三六年二月八日、南国市小篭《こごめ》の、今では築一〇〇年の民家、現在事務所として使っていますが、そこで生まれました。私の父は幼少のころ、座らせておいたら、いつまでもそうしているので、床の間の置物のようだったが、小学校に上がると案外できるので安心した、とそんなことを周りから言われていたような子どもで、おっとりしていたそうです。その息子である私も、小さいときからおとなしく、隣の女の子とけんかをして負けて泣いていたことを自分でも覚えています。「長水」と書いて「ひさみ」と読む。私は、ぼやんと、放心状態でいることがよくあるらしく、「ひさみ」ではなく「ぼさみ」とあだ名がついていました。よっぽどぼんやりしていたのでしょうね。あまり利発な子どもじゃなかったと思います。父の伯父で漢籍に詳しい人がおりまして、私の祖父は三三歳で亡くなっていますので、父は伯父に相談したのでしょうね。易経に「山高くして水長し」というのがあるらしいんです。そこから来たといわれています。要するに、川が長く流れるということは山が高く、平野が広くて豊かな実りを約束されているというたいへんめでたい上等な名前なんです。

父は造林の仕事をしていまして、林業一筋。林業関係の役職も務めておりまして、林業は、格好良く言えば、自然涵養なんですね。父の祖父、私の曽祖父がわが家の林業を起こしたのですが、父が一五歳のころに亡くなってしまいました。戦争前は、林業は非常に不景気な時代でした。祖父には、男の兄弟がもう一人いて、山を半分に分けたそうですが、戦争前に売り払っています。林業というのは、いわば平和なデフレ経済とあまり相性が良くないものですからね。本家に当たる家はせっかく半分を受けついでいながらもう山はありません。しかし、私の父は小学校五年生のときに祖父から山を受け継ぎまして、いろんな先輩に聞きながら、山の経営をしたり、私の名前をつけたりしてくれたんだろうと思います。

戦後は、日本中でまちが空襲で焼かれましたので、ドルが自由に使えない時代でしたから、林業が非常に景気が良かったんですね。戦後は、一時大金持ちのような気分を味わったと思います。私はまだ子どもでしたからあまり実感がなかったですけれど。太平洋戦争は、私が小学四年生のときに終わりました。その前には、芋掘りや、麦刈りを手伝ったり、学校の授業は、あまりちゃんとなかった。サイレンが鳴って敵機襲来、空襲警報で、みんながうちに逃げて帰る。そうでないときは農作業をしている。だから基本的な勉強をする時間が少ない時代に育っています。基礎的な学力が身についていないという意味でずっと引け目を感じてきていますけれどね。私の家は農家でしたから、戦争中もほとんど食べるものには不自由していませんでした。しかし、白いご飯をお弁当に持っていくと、恥ずかしいような時代で、芋や麦を混ぜてみんなに合わせていました。空襲警報が鳴ったりすると、学校が休みになります。子どもですからね、半分うれしかったです。

林業を始めた曾祖父(中央)の還暦祝い。二列目左端に祖父母、最前列に父

単純なものです。

小篭の家は、築一〇三年。祖父母が建てましたが、ちょうど父が生まれたときにできた家です。母家の一棟が二二坪。現在は筋向かいにもう一棟、四〇坪くらいの改築した棟があります。これは私の代になって農業をやめたので建て替えていますが、建築士会連合会の会報に発表したことがあります。古い家は、私の聞いたところによりますと、祖父母は同い年で一五歳くらいで結婚したそうですけれど、二〇歳くらいのときにこの家を、分家としてつくった。三畳間を一間だけ仕上げてそこに寝泊りしながら、順々に次々とつくっていった。昔の家のつくり方というのは、大工さんや左官さんを雇いますけれど、その人たちがやる専門的なこと以外は、全部自家労力でやっていましたね。ですから、農閑期の時間を利用して自分で家を建てようというのが普通の姿。瓦を葺いたり、建前をするときは、近所の人に手伝ってもらう。それ以外は、自家労力が基本という時代だったんですね。人生で一番高価な買物が木材で、あとは瓦でしょう。私は、一〇〇年の古い家に生まれて育っていますから、伝統的な家のつくり方は、身にしみてわかっているつもりなんですが。

もちろん自分でやると言っても雑用ですね。左官の土を練ったり、大工さんが明細をつくって、それに合わせて木を買ってきたりですね。役がたくさんいるときは、お互いに助け合う。みんなで野地板をたたいたり、小舞をかいたり、瓦を上に上げたり。その夜は、いつもお酒を飲んで宴会ですよ。高知の方言で、宴会をすることをお客をする、と言いますね。そのお客をするわけです。

面白いことに、ここから一〇キロメートルくらい離れている土佐山田町の「新改」というところで、ある友人の家の改修設計を頼まれたことがあります。ところが、間取りが私の家とそっく

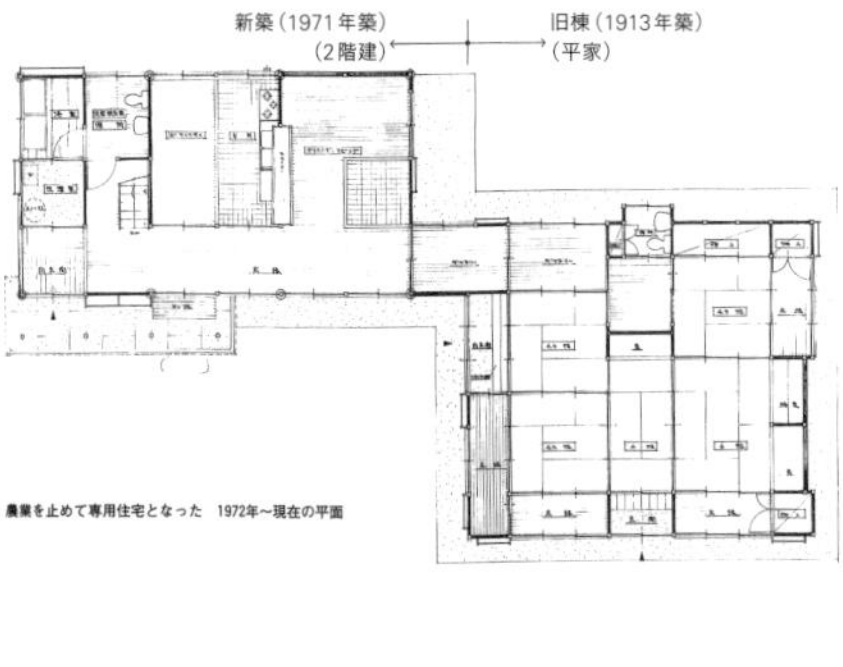

農業を止めて専用住宅となった　1972年〜現在の平面

り。家内の実家も一〇〇年ちょっと経った古い農家ですが、そこの間取りもだいたい似ています
ね。大きい小さいはありますが、昔の家は、建前をはじめとしてみんな手伝いにいきますし、葬式のときなんかは、墓を掘るのに労力が要りますから、隣組の人たちが一日かけて墓穴を掘るわけです。食事を出してねぎらわなければならないのですが、不幸の出た家は穢れているので、「別家」といって、別の家を借りて隣組の女衆が食事を出すという習慣があって、隣近所の台所に至るまで、詳しくお互いに知っているわけです。情報が互いにあると、あそこの家のここが便利だ、ここがちょっと具合が悪いというようなところも知識として身につくでしょうね。

そういう事情で、隣近所に似たような家が多かったですね。大学のときに自分の生まれ育ったところの、近所の一〇軒くらいの家の間取りを調べて、記録して提出しなさいという宿題が出ました。本当は、各家を回って間取りを採ってきて図面化しなければならないのですが、私の場合、方眼紙を出して祖母に聞きながら描いたら、実態調査をしなくても済んでしまった。高知の民家の、特に農家のつくり方は非常に典型的な一定のつくり方があるということです。あまり機能主義的に、今の家族構成にぴったりの家を設計しようとするのは間違いだなあと私は、そのころからなんとなく感じていました。

昔の民家には、子どもの部屋というのは、特にありません。私なんかは、祖母と一緒に寝ていました。祖父は三三で亡くなりましたが、祖母は、九九まで天寿を全うしたのです。

右／小篭の家の築百三年の棟
左／一階平図面
（建築士会連合会会報「建築士」一九九七年七～九月号）

曽祖父がはじめた林業

曽祖父が林業を始めた山は四国山地の真中にありまして、それは萱や雑木が生えているところを土地ごと買収して、刈りまして、裸にして、スギ、ヒノキを植える。その間、あいだが空いていますから、草が生えてきたりするので、ミツマタを同時に植えるのです。ミツマタは、お札、つまり紙幣の原料です。紙の原料として、ミツマタは山間部の収入源としては価値があった。スギ、ヒノキの間に植えたミツマタは、三年から四年すると伐って紙にする。それを山主は自分で植えるのではなくて、その土地の人に無料でつくらせた。そういったもちつもたれつの関係で造林が行われていました。

私のうちは、家業としてその林業を受け継いでいます。今、林業は不景気ですけれど、林業のことは、弟と甥がやっています。私は門前の小僧ぐらいの知識ですが、基本的な情報は入ってきますので、今、こんな木が安いとか、こういう木が不足するので何とかせないかんとか、一般の建築士では入らない情報が入っていたかもしれません。

曽祖父の時代、汽車もトラックもありませんでしたから、どうやって木を伐りだそうとしていたのか。吉野川を流すことを考えていたでしょうね。父の代では、植えてもいましたが、伐り出してもいました。なぜ曽祖父が山を始めるようになったか、わかりませんけれど、吉野のような林業の先進地ではスギ、ヒノキを植えて木材を利用するという伝統はずっと昔からありました。高知県はそういう例は、それまであまりなかったようです。

嶺北と言いますけれど、南国市や高知市の北の山側には、造林地が広がっています。私の曽祖

右／家業の林業
左／ミツマタ

父（山本金五郎 一八五九－一九二八）は、長岡村という村の戸長、官選の村長をしていたそうでして、小さい地主ではありまして、自作もしつつ、小作米も入ってきていました。私の想像ですけれど、そういう小作制度が長く続くかわからんと思ったんじゃないか。日露戦争後の植林ブームもあり、田をどんどん削って山を買い、木を植えています。もし、田んぼだけを持っていたら、戦後すぐ取り上げられてなくなっていたかもしれませんけれど、そういう意味で、山林にしていたということは非常にラッキーだったと思うのです。

母方の祖父に三冊の禅の本をもらう

兄弟は、弟が二人と妹が一人。下の弟は早世しました。上の弟が山のほうをやっています。私が一〇歳のときに敗戦でした。進駐軍が土足で畳の上に乗ってきて、床の間にペンキを塗ったというのを聞いて、子どもながらに、この人たちは野蛮だなあと思いましたよ。敗戦前は、徹底的に鬼畜米英で教育されていました。戦後、負けた、やられた、と思ったけれど、相手は文化的なレベルがあまり高くないなと。ですから、欧米の先進地を尊敬する気持ちが基本的になくなってしまいました。どうも田舎にいながら中央の東京をそんなに評価しないし、外国もそんなに評価しない。敗戦でそんな根本的な姿勢が身についてしまったようです。終戦の日は、近所の外国航路の船に乗っている人の家のラジオを聞きに行きました。ほかにはラジオのある家はなかったのです。しかし、妨害電波が激しくて、何を言っているのかろくに聞こえなかったです。まともに聞こえても子どもには分からなかったかもしれません。

今まで使っていた教科書が八月一五日を境に価値観がまるで変わってしまい、使えなくなってしまった。進駐軍にとって不適当なところがいっぱいある。そうかといって新しく教科書をつくる時間とお金はありませんので、とりあえず、不適当なところだけ墨で塗りつぶして見えなくして使いなさいということです。それは現実的な対応です。今の人は、そんなことを話に聞いてもあまり実感が湧かないでしょうが、価値観が一八〇度変わるわけです。あのときの教師は、まじめな人ほどつらかったでしょうね。われわれは子どもでしたからぼんやりしていただけですけれど、そういうことを子どものとき経験したので、何でも信じないで斜に構えて見る癖がついてしまったようです。

成長の過程で、人はあるとき、哲学的な疑問を持ち始めると思うのですが、私の場合は、それがある日、突然やって来ました。どうしてそう思い始めたのか、わかりませんけれど、高校二年生のときですね。高校は私立の土佐高校。戦争前は男子校でしたが、戦後は二割くらい女子がいました。校舎もバラックで、廊下と教室の境に破れかかった障子が入っている。そんな状態でした。戦争前は、秀才教育で有名で、土佐中といったら、青白い優等生のイメージがあったのですが、私たちのころは、生徒数も増えて、男女共学にもなって、受験校の性格もありつつ、私たちの学年の野球部が甲子園で準優勝をしたこともある。わりに自由でガリ勉を奨励する学校ではなかったですね。文武両道なんてかっこいい言葉で言っていましたが。

私の建築のやり方は、どちらかといえば理屈っぽいと思いますが、どうでしょう。実は私の母方の祖父は軍人で、戦艦三笠に乗っていたのです。でもなぜか知りませんけれど、病気になって

朝日新聞 号外
（一九五三年八月二十日）

☆**山本玄峰**……一八六六年―一九六一年。和歌山県本宮町生まれの禅僧。昭和二十年、終戦を決定する御前会議に向かう鈴木貫太郎首相に対し、「これからが大事な時ですから、耐え難きを耐え、忍び難きを忍んで、体に気をつけながらやって下さい。」という手紙を送ったと伝えられている。

辞めたということになっていますが、軍人であることに疑いを持つようになったようです。田舎に帰ってきて、私の曾祖父がやっていた民間の三等郵便局の跡継ぎをしながら一生を終わったのです。しかし、郵便局の経営に熱心だったのを見たことがなく、しょっちゅう座禅をしていました。山本玄峰さん☆がいらっしゃったころの雪渓寺☆☆に出入りしていましてね。私は何にもわからず、母方の祖父に影響を受けていたと思います。人生について考え始めたころ、その祖父に私から頼んで三冊の禅の本をもらったのを覚えています。

☆☆雪蹊寺……高知市長浜にある臨済宗妙心寺派の寺院。四国霊場第三十三番札所。山本玄峰老師が八回目の巡礼中、雪蹊寺の門前で行き倒れ、太玄和尚に救われて、仏道に入っている。

母の勧めで建築へ

「建築家になりなさい」と言ったのは母でした。母親に聞いてみると、「摩天楼」という映画を見たらしいのです。ゲイリー・クーパー扮する主人公が天才的な建築家で、それですごく素敵な仕事だと思ったんでしょうね。家が木を植えているので、その使い道を考えるのはいいことだと思ったかもしれません。私は建築家なんて知らなかったし、思ってもいなかった。電気とか機械のことは面白いと思っていましたが、建築はどうも地味な仕事で、別に面白いと感じていませんでした。けれど、そう言われると、意識して考え始めます。いつの間にか建築のほうに行くようになりましたね。

父は、林業をやりながら、木材をどう使うかを考えていたようです。父は祖父を早く亡くしたので、大学に行きたかったけれど、林業の大学は県外にしかなくて、跡取りだから山を見なければ

フランク・ロイド・ライトをモデルにしたとされる映画「摩天楼」（一九五一年日本公開）より

ばならないということで行かせてもらえなかったらしい。地団太踏んで悔しがったと聞いています。大戦では招集されて中国大陸で実戦の経験をして生きて帰っていますが、それからの父は林業一筋で、森林組合や、森林組合連合会など、いろんな組織に勤めたりしながら山を守ってきていまして、少しは図面が描けました。それで建築については関心があったようで、農学校の林科出身でしたけれど、烏口なんかは持っていましたね。

建築士会連合会の会報にちらっと載せていますが、私が今事務所に使っている築一〇三年の建物ができたときに、父は生まれたのです。父は、その家の間取りの図面を、自発的なのか、宿題だったのか、わかりませんけれど、農学校林科のときに描いていますね。かたつむり山荘のできる前は、そこの近くに小さな山小屋がありました。その山小屋兼会社の事務所は、父が設計したものです。敷地もがけっぷちで狭かったですし、そんなに上手ではありませんが、合理的な設計でしたね。その周り一帯が曽祖父の代からの造林地で、山の仕事は、その小屋に泊りがけで行っていました。

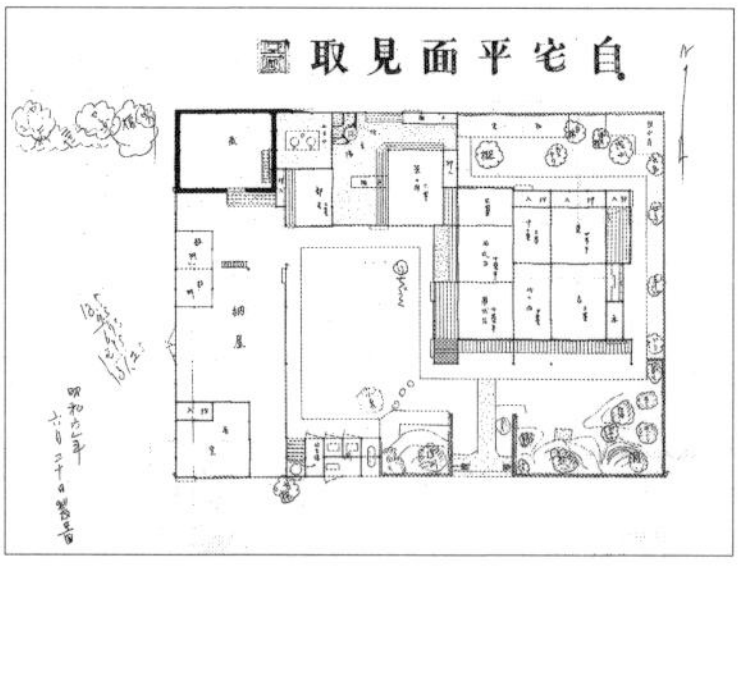

父が描いた自宅平面図（一九三二年）

日本大学建築学科から市浦建築事務所へ

日大は、私立の建築学科としては、当時、評価が高かったと思います。受験のとき周りが言うには、私立の建築では、早稲田の次だったように聞いていました。学生時代、私は、あまり目立たなかったと思います。設計製図の成績もそれほど良くなかった。卒業研究の指導は、市川清志先生で都市計画の専門でした。デザインの先生に宮川英二先生、構造には斉藤謙次先生、加藤渉先生がおられました。坪井善勝先生からは、代々木のオリンピック競技場の背骨は懸垂曲線の形をしたトラスでできていると、当時設計中の先生から教わりました。卒業設計は、農村施設。今思うと稚拙で恥ずかしいですね。

学生のころは、世田谷に住んだり、三鷹に住んだりしていましたが、結婚してからは一時下北沢にいまして、東京での最後のころは、品川の都営団地に当たりましてね。

家内の信子と結婚したのは、私の父がモラロジー道徳科学研究所という団体に参加していましてね。廣池千九郎という人が始めた麗澤大学の母体となっている団体です。琵琶湖に近いところにその研修施設があって、大学二年の夏休みに高知から若い人が二人だけ、勉強会に参加したのです。一人は私で、一人は家内だったと。すごくまじめな出会いですね。家内も私も、親に勧められて参加していたのですが、私は、そういう哲学的なことや、宗教的なことには、建築よりもっと強い関心があったことは事実です。家内は農家の娘で、嫁入り修行中でした。今住んでいるのが、これも一〇〇年を越えた家内の実家なのです。

長男（哲万）が生まれて半年で高知に帰ってきていますので、次男と長女は、高知生まれです。長男は建築に進み、次男はカメラマンをしていますが人のつくった建築のようなものには興味ないそうです。長女は医者の女房になっています。住んでいた品川の都営団地は取り壊されてしまい、もうないですね。

市浦健さんの事務所に行くことになったのは、親戚の人が紹介をしてくれたからです。ちょうど、石油関連の会社で役員をしていた人が、東海村で一緒に仕事をしたのだそうで、私は、就

右／信子と結婚（一九六〇年）
左／当時の市浦事務所の所員、中央が市浦健氏

職の時期を迎えたのにぼんやりしているものだから、世話をしてくれて、市浦さんにお会いして、そのとき同期が四人入りました。今は六、七〇人くらいいるようですが、当時は二〇人くらいで、一挙に四人増えたのです。

市浦さんのところは、市浦さんが初代ですが、前川國男さんと親しかったこともあって、紳士的な、理想的な経営をしておられ、老舗の雰囲気であまり残業をせなならんようなこともなかった。ただ、私がまかされた仕事は、私が要領の悪いせいもあるけれど、ずいぶん徹夜もしましたね。前川さんのところには、学生時代、友達に誘われて、一回だけアルバイトに行ったことがあります。設備用の設計図の下図を描きました。前川さんは日大に教えに来ておられて、晴海の高層アパートの現場を案内して説明してもらったりということもありました。卒業設計の審査にも、毎年、来ておられました。

市浦事務所では、食堂が一部屋ありまして、弁当を持ってきたり、出前を取ったりするのですけれど、昼になるとみんなが集まってきて、話が弾み、一時になるまで誰も出て行かないのです。和気藹々とした雰囲気で、富安秀雄さんなんか、話が上手でね。それが当たり前だと思っていました。非常に楽しかったですね。毎日三時には、ティータイムもあるのです。お茶のときにいちばん話が進みますからね。

ご存知のように市浦さんは団地の設計で有名だと思いますが、公団住宅、公営住宅の標準設計をずっと受託していました。標準設計というのは、図面があって、建具などディテールは、別冊があって、ディテール集というのは、どの現場に持っていっても通用するものなのです。ディテールを前提に間取りを考えるということが公営住宅の基本的なつくり方なのですね。今、私が

右が富安秀雄氏（二代目所長）、中央が小林明氏（三代目所長）、左が山本長水

住宅でやっていることがまさにそれで、どこの家もディテールは、だいだい一緒なんです。そういうものは毎回、一から考えるより、考え方を積み重ねていくほうが充実していきますし、こなれてくるし、間違いがないですよね。図面の半分はディテール集で、標準図と一般図の組み合わせというのを市浦さんのところで学びました。

市浦さんのところでは、あまり奇抜な、アクロバットなことはせずに、堅実でぱっとしないといいますか、地道な設計が中心でした。当時、私にとってはそれが不満でした。ところが、実際に自分で仕事を始めてみると、いつの間にか、それに近いことをやっているんですね。設計の作業としても能率がいいですし、できたものの質も自然と良くなりますからね。

母の死をきっかけに、高知に帰る

高知に帰るきっかけになったのは、息子が生まれてまもなくでしたが、母が癌になったことでした。東京の晴海にがんセンターがありまして、そこで治療することになり、ある時期一時入院していました。一時退院をしたときも、品川のわが家に泊っていました。結局母は最期は高知で亡くなってしまいます。私も看病疲れが原因だと思いますが、瘰癧《るいれき》という、リンパ腺が結核菌で膨れる病気になってしまったのです。昔は多かったそうですが、今は抗生物質があって、医者も知らないほどの病気です。当時も抗生物質があったので、命の危険はありませんでしたが、半年ほど、薬のせいで体ががたがたになってしまいましてね。存命中から、母は、「あなたはあまり身

右／病床の母と
左／品川都営団地のテラスにて

体が丈夫じゃないから、高知に帰りなさい」と言っていて、約束させられて死んでいきましたので、そういうこともありました。私も体力的に頑健ではありませんでしたので、田舎がいいかな、とも思いました。つまり消極的な理由で高知に帰ることになりました。

帰ってから、父が役員をしていたので親しかった猪野工務店さんが来ませんかと言ってくれて、入れてもらい、勤めたのは足掛け二年だったでしょうか。工務店ですから、自分で設計した現場は自分で見るということになっていて、そこで職人と直にやりとりする、価格を含めた本音の交渉をする経験をしました。職人たちは、そんなに生易しいものでなくて、ちゃんと自分の利益を確保しようという線は譲りませんから、駆け引きがあります。そういった本音のところもちゃんと体験しました。

父が高知の森林組合連合会の専務をしていたときに猪野工務店が出入りをしていたそうです。高知では公共建築や上級住宅を手がけるしっかりした会社で、今でもお付き合いがあります。その後、家を建てたりするときに施工をお願いしたり、現在事務所にしているわが家の改築部分は、猪野工務店の施工です。それは、私が独立してからのことですが。

一九六〇年代の当時、林業は今と違って安定した収入が得られて、高知に帰ってきて何かをしなくてはならないという悲壮な感じは一つもありませんでした。

二点／猪野工務店施工の自宅の改築部分(一九七一年)。内部に吹抜をとり、四メートルの通り柱で二階建てにしている

地方における設計のクリエイティビティ

猪野工務店では、一通りの仕事をし、三〇歳になっていて、自分で事務所をやろうかと思いました。猪野工務店の社長も応援してくれまして、設計の仕事を紹介してくれ、スタートとしては、おかげであまり苦労はありませんでした。高知の設計界では高知工業高校建築科出身の優秀な方が主に設計の仕事をやっていましたから、まねをすればできるような気がしていました。けれど、東京で私が経験したのは意匠の設計だけでしたが、高知の人は、自分で構造計算もするし、見積書もつくる。つまり、田舎の小さい事務所は、そういうことまでできるのです。それは大事なことで、自分で見積もりをする人としない人ではデザインの密度も違ってきます。いろいろなことが頭に入っていますから、上手にコストコントロールができるようになります。自分で構造の計算ができる人は、強いです。田舎の、特に小さな設計事務所の所長は、能力を持っていると思いました。下手をすると何でも屋になるかもしれないけれど、仕事の規模が小さいので職人と親しく付き合うとか、木材をはじめとする資材の流通ルートを含めて、いろんなことに直に接する機会があるとか、構造も積算も何もかもやるとか、それはそれでいいことです。本当にクリエイティブなことをするときには、いい仕事ができることがあります。人を頼んでクリエイティブなことをするのは難しい。一人の頭の中でやるほうが効果が出やすいのです。都会の人がやりにくい仕事のやり方ではないかと思います。

高知には社団法人高知県建築設計監理協会というのがありまして、設計を専業にしていて、県の仕事などもやっているグループですね。当時、会長を上田堯世さんのお父さんの上田虎介さんがやっておられて、事務所を開いて次の年くらいに入会を勧められました。でも、会費が、今の感覚で言うと、年三〇万円くらいでした。これはすごい、高いと思いましたが、月に一回くらいちょっと豪華な昼食を食べる会をやっていました。その理由が、一緒に飯を食っておけば、喧嘩をしないで、設計の指名競争入札のときにたたきあいをしなくてすむということだったそうです。設計監理協会のできた経緯ですが、岸田日出刀さんの設計した高知県庁について、当時の地元の高知県建築家協会のグループが、われわれにも設計をさせろと、陳情したらしいです。しかし、県側に懐柔されて引き下がったと。そのときに、高知県建築家協会から独立して社団法人高知県建築設計監理協会をつくった中心人物が中屋弘さんといって、細木茂さんや太田憲男さんがいたＭＡ設計事務所の代表でした。中屋さんは、もともと造り酒屋の関係者で、酒造会館を建てるときに前川國男さんに依頼し、その薫陶を受けて、若い人材を集め、高知に大きな設計事務所を設立したという人物です。

とにかく、仲良くするために飯を食うというのはいいですね。高知の伝統でしょうか。技術力のある専業の事務所、十数社の集まりで、県にも信頼されていて、このグループに入っていなければ県の仕事ができないというようなところがあり、みな入会したがったのです。少し後になりますが、それにはじかれたグループが建築士事務所協会をつくったといういきさつがあったのです。

独立第一号の仕事は、お城の近くの出原内科で、龍河会館も設計しました。どちらも猪野工務店の紹介で、おとなしい設計です。今もあります。立ち上がりとしては、いいほうではなかったでしょうか。

酒造会館（二〇〇六年解体）
撮影：西森秀一

市浦さんからは、建築家というのは、一つには技術力。もう一つは、中立性、倫理性。二つで成り立っているので、両方ないといけないと教えられました。両方ちゃんとしようと思ったら、設計料は、工事費の一割くらいは当然だと思いますね。

設計監理協会の会長になったのは、四三歳のころで、一四年間もやりました。こんなに長く続けてしまったのは、高知県にも建築士事務所協会が設立されて、設計界の組織が流動的で不安定だったからですかね。また、会員の「若竹まちづくり研究所」の大谷英人さん（現高知工科大学教授）がずっと事務局を助けてくれたからだと思います。

「かたつむり山荘」のこと

一九六六年に独立して、「かたつむり山荘」の設計ができたのは、一九六八年。昔、父が設計した会社の仕事場の小屋が古くなったということもあるし、そのころは、林業が活性化していて、豊かだったんでしょう。だから、みんなが集まるところや従業員がくつろげる多目的なところをつくろうということになりました。

まず思ったのは、山の中ですから、足元に丸太がいくらでもあるのに、製材にするのにはトラックで運んでいかなくてはならない。丸太で使えたらいいなあという程度の考え方でした。住宅用のスギの並材の製材品と言うのは、一立方メートルあたり、八万円から一〇万円でやっていますが、原木市場でその用材の丸太は一立方メートルあたり八〇〇〇円とか、一万円なんですね。

だから、そのまま使おうというのが最初の動機です。ところが、それが大変だということはあまり分かっていなかった。スケッチを描いたけれど、立体的に表現しきれないので、図面を描く若い所員もわからなくて、割り箸を荷札につける針金で縛りながら模型をつくったんですね。それを見て若い所員が図面を描いて、そこへ上田堯世さんがやってきて、「もっと軒を出さなくては」と言った。そのおかげでＪＩＡの二五年賞をいただくくらいのレベルになったんです。丸太の軒を一間（一・八メートル）も出している。斜めに測ると三メートル近いんです。そんなキャンチレバーは、恐ろしくて、私には考えられなかったけれど、軒の広小舞と端隠しのようなものを回していますが、垂木と端隠しが一体となって、一種の折板構造になりますので、風が吹いても危なくないんです。そんなふうに自然にできてしまいましたが、三メートルも軒を出すのは、上田さんの意見です。

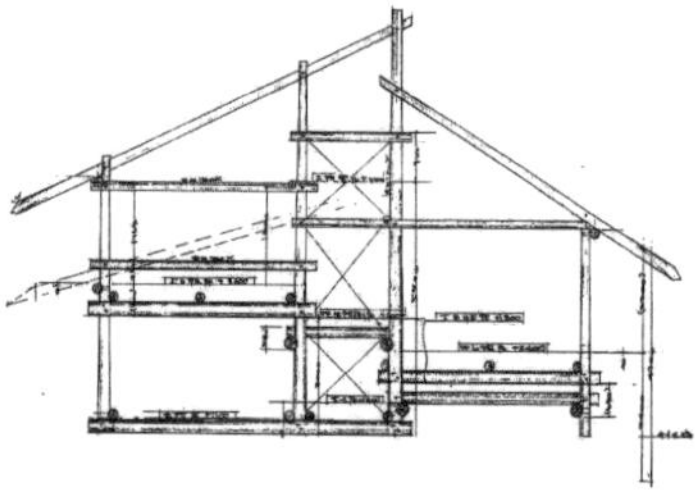

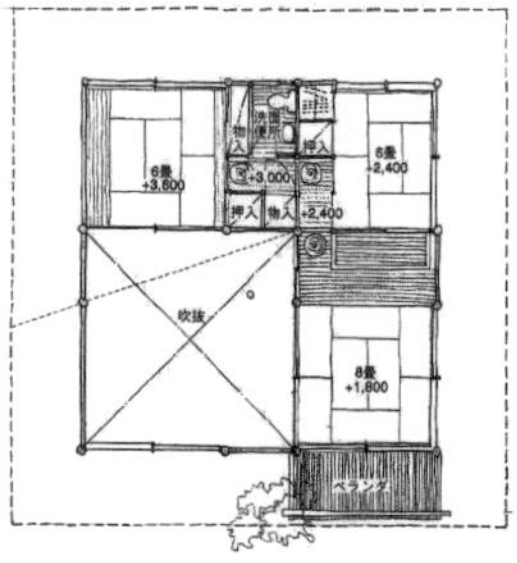

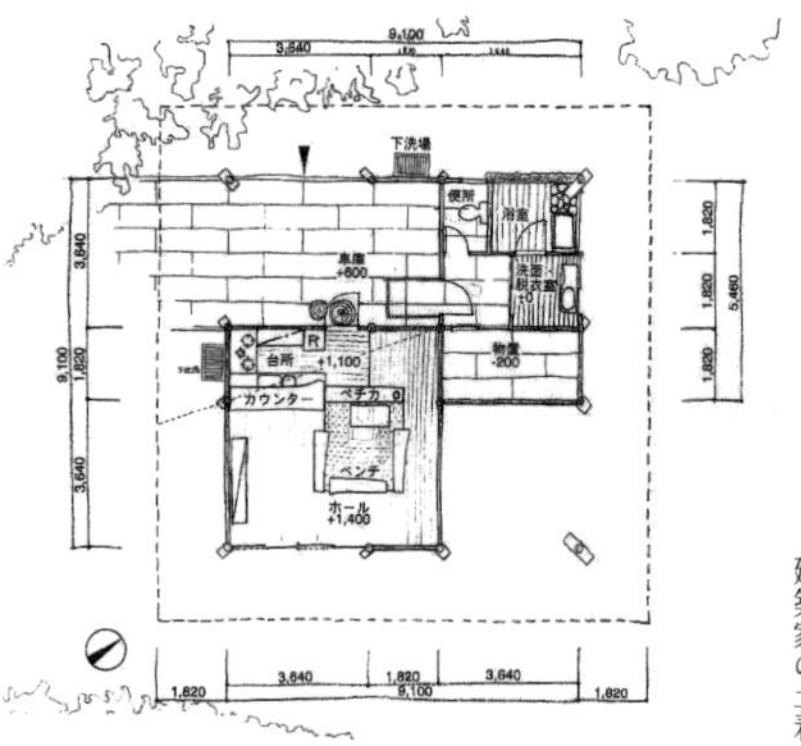

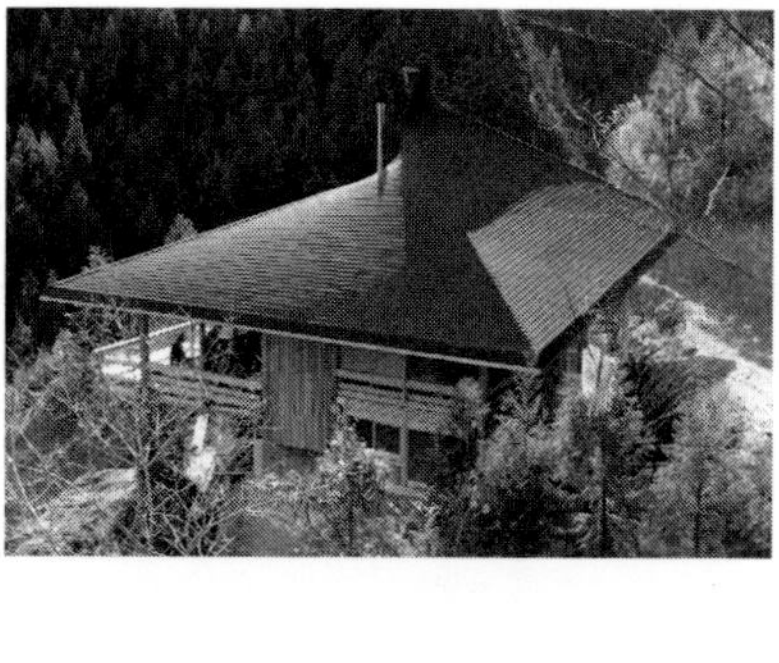

上三点／かたつむり山荘 平面図・軸組図
下／竣工時のかたつむり山荘（一九六九年）撮影：山本長水

丸太というのは、途中で接ぐと、径が違うので、見苦しくなります。だから一本で通しました。「かたつむり山荘」は、シンプルな家でして、いちばん長い桁で九メートル。接いでいないのです。垂木で長いのは一一メートル。これも接ぎたくない。結果的に私が設計したものをもとに、木材のリストを父の造林会社に渡し、林の中に入っていって、これとこれを伐ろうとやっていくわけですが、私の設計より、ちょっと太めな丸太を採ったことが結果的に力強くてよかったと思います。そのときに、ちょっと太めだったせいもありますが、九メートルや一〇メートルの丸太は重いのです。墨をつけるときに大工さんがてこで持ち上げているのを見たとき、気の毒なことをしたと思いましたね。

林の木を伐っておいて、そこで葉つき乾燥させ、注文の長さに切ってワイヤーを張った滑車で対岸から現場の敷地まで運ぶという選り伐り方式でしました。木材の供給ルートとしては最短で、原価は安いですけれど、大工手間は大変でした。後から計算すると、坪当たり、一三人役かかったことになりました。これは入母屋の立派な農家の住居と同じ手間です。芯柱にボルトで垂木の丸太が取り付いているところは、丸太を見て、ボルトがどこへ出て行くか、かなり正確に予測しなければならない。出来上がりを見て、ずいぶん大工さんに助けられたな、と思いましたね。大工さんは、私の前では一言も言わなかったけれど、ずいぶん苦労しているはずです。

上右／建設中のかたつむり山荘（一九六九年）撮影：山本長水
上左／父デザインの薪ストーブ
撮影：井上玄
下二点／移築工事中の
かたつむり山荘（一九八八年）
撮影：猪野工務店

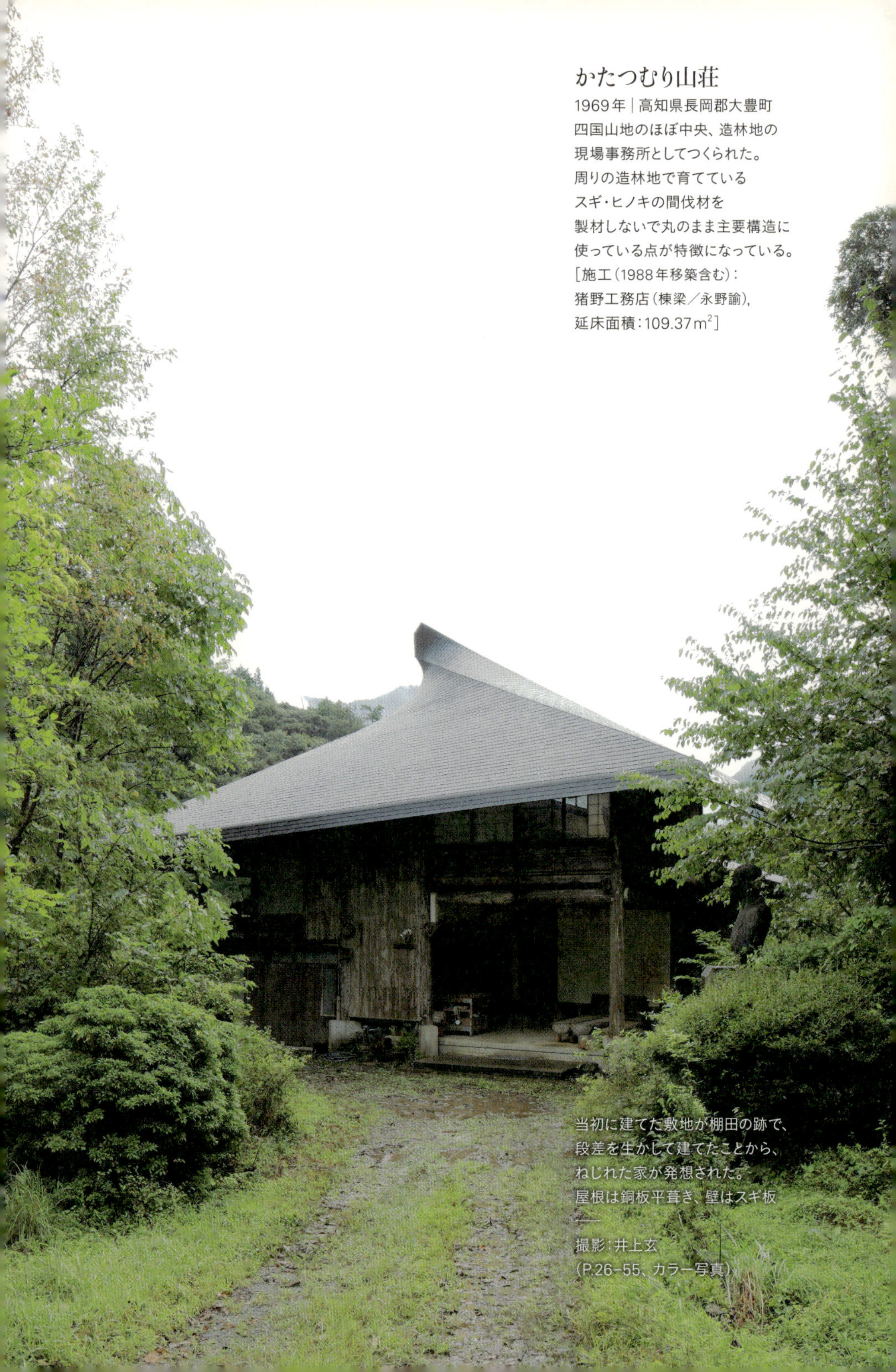

かたつむり山荘

1969年｜高知県長岡郡大豊町
四国山地のほぼ中央、造林地の
現場事務所としてつくられた。
周りの造林地で育てている
スギ・ヒノキの間伐材を
製材しないで丸のまま主要構造に
使っている点が特徴になっている。
[施工（1988年移築含む）：
猪野工務店（棟梁／永野諭），
延床面積：109.37 m^2]

当初に建てた敷地が棚田の跡で、
段差を生かして建てたことから、
ねじれた家が発想された。
屋根は銅板平葺き、壁はスギ板

——

撮影：井上玄
（P.26–55、カラー写真）

ヒノキの大黒柱に集まる丸太の扇垂木が
5間角の空間を包み込む。
一周りした切れ目からハイサイドライトが下りてくる。
白壁は土佐漆喰、襖紙は上田薫風堂の
上田博康氏・博章氏による柿渋引きの土佐和紙

実は、「かたつむり山荘」は、築一九年で近くに解体移築しているのです。ちょうど敷地の上を高速道路が通ることになったのですが、使い勝手も割合よくて婦人方や子どもたちに人気があったので移築しようということになったのです。木材は、ほとんどそのまま再利用しました。ペチカがありまして、煙を通して蓄熱し、触れることのできるくらいの暖かさになるのです。ドラム缶を利用した薪ストーブは父、仁の設計で、勘でつくったのですが成功しましたね。椅子や炉のついたテーブルも父のデザインで、私が図面にしました。ここで雪を見ながらビールを飲むのもいいし、雨の日も落ち着いて好きですね。かたつむりという名前がついたのは子どもが最初に中にはいって「かたつむりみたい」と歓声をあげたのがはじまりです。

上二点／重ね梁で構成された熊谷邸（一九七三年）　撮影：山本長水
下／大径木を使用した相愛本社（一九九六年）。はめ殺しを多用した木製サッシ、トップライトからの採光採熱換気　撮影：西森秀一

小径木の活用法を考える

一九七二年のオイルショックの後、仕事がまるでみんな止まってしまいました。暇になったものですから、これからは、戦後造林された小径木がただ同然になって、いっぱい出てくるだろう。活用しなければいけない時代が来るはずだ、とかねてからの課題について考え始めました。そのときに重ね梁を思いついたのです。これは、私の発明ではなくて、戦争中、兵舎などの大規模建

築をつくるときに使われていたものです。いろいろな強度的な試験も済んでいたのです。金物をちょっと使いますけれど、確立された技術でした。ただ、その兵舎なんかに使うときの構法は、金物に頼ったものですけれど、私は、もうちょっと伝統的な仕口を中に入れたほうが見た目もきれいで構造体を仕上で隠さないで使えるし、力の流れも素直だと思いました。隠れたところにはボルトを入れていますが、だいたい、接合は伝統的な仕口にしています。

高知県の林業技術センターでは、重ね梁の実験をずいぶんやっています。私は小径木を重ね梁にしてコンペに入賞したこともあって、なおさら一生懸命それでやろうとしたのですが、小径木はどうも貧弱なのですね。「中芸高校格技場」のような曲げるものはいいのですが、その後、小径木重ね梁にはあまりこだわらず、たとえば、「相愛本社」などでは、大きな柱と梁を使うように方針を変えました。大径木も安価な時代になったからです。「稱名寺」では、ほとんど気がつかないと思いますが、登り梁がちょっと反っているのです。七寸角を二本重ねて反らせています。

「かたつむり山荘」も、たまたまうまくいったのですけれど、上から光を入れないと、日本の大きな屋根というのは、屋根裏が暗くなるんです。恐ろしいような空間では楽しくないので、ハイサイドライトを入れるようにし、それでずいぶん助かっています。その後、どれも屋根裏に光を入れるということにしています。それと、太陽光線を入れると、空間が活性化するので、ずいぶん気持ちがよくなって、快適なものができるし、評判もわりにいいですね。後で分かったのですが、ライトチムニーといって、そこに熱が加わると、上昇気流が起こり、自然に冷たい風が下から入ってくるので、換気扇なしの換気ができます。つまり、照明もいらない、換気扇もいらない、省エネルギーになるわけです。

上右／丸みのついた材を多用した
しらさ山荘（一九七三年）
撮影：山本長水
下／かたつむり山荘の
ハイサイドライトからの明かり
撮影：井上玄

高知市街より5℃ほど気温が低いので、床、壁、天井にはスチロール40mm＋ハイシルバーの断熱材が入っている。薪をいっぱいに詰めてトロトロ燃やすと、蓄熱壁に助けられて、数時間安定した40℃の輻射暖房が得られる。夏は地窓からの風が心地よい。客との対応もあり、インテリアの半分は土足の床にしている（かたつむり山荘）

私は、木の建築に関しては、いくつかノウハウを持っています。重ね梁、節のある木材、ライトチムニーのトップライト、木製建具。なるべくアルミサッシを使わずに木の建具でやろうとしています。これは見た目がいいだけではなくて、経済的でもあるんです。はめ殺しの木製サッシは、安価にできるものですから、「かたつむり山荘」や「中芸高校」、「相愛」の窓は、ほとんどはめ殺しにしておいて、開口部はわずかにしています。

『わら一本の革命』に感銘を受ける

まちの本屋で、変な題名の本があると、ふと目をとめたのが、『わら一本の革命』でした。書いたのは、今では自然農法で知られる福岡正信さん。高知の農業試験場にも勤めたことがある人で、生まれは愛媛県。農業の本ですが、面白いことが書いてあるんですね。普通、農業をするときに常識的にやることをしないというのです。まず、耕すことをしない。それから肥料をやらない。草を取らない。消毒をしない。つまり、蒔いて刈り取るだけ。ある日、啓示のようなものを受け取って、そういう農法にこだわったのだそうです。この本の八割方は、哲学的なことが書いてあります。それを読んでも、何のことやら分かるような、分からないような、禅のお坊さんの言うことみたいなのです。

つまり、農業の基本的なことをしないで、自然の植物と競争させて、人間のほしいものを手に入れる。そういう文化は優れていると思いました。少なくとも、肥料をやらなかったり、農薬を

福岡正信氏
（『総括編 わら一本の革命――神と自然と人の革命』（自然樹園（小心舎）、一九九五年）より）

使わなかったりすると、健康的な健全な食物が手に入る。それだけでも素晴らしいことで、農業の分野で福岡さんは実際にやっていて、普通のコメの収穫を上回る、倍近い収穫量があるというのです。具体的には籾を土団子にして放り投げて栽培するらしい。また、麦とコメを交互につくると草の生える間がないそうです。クローバーを生やしたり、水を入れたり抜いたりして草を制御するという、わりと理屈っぽいところが、私にとっては面白かった。そういう人間が手を下すことをものすごく少なくして、普通より収穫がちゃんとあり、健康的な食物を得ている。それが、深遠な哲学と結びついていて、建築もできたらそうなりたい、ほとんど手を加えなくてできたらいい、と思ったのです。その後、あまり小細工をしない素直な建築を心がけています。つまり、哲学と、実際の生業としての職業が結びつく可能性があるのだと思ったのです。

普通は、お坊さんは悟りを開こうと、托鉢して回り、食べるものをもらって暮らしています。私にはそれができない。つまり人に甘える自信がない。できたら、職業はそれで全うして、世の中の役に立つような建築をつくれたらいい、それに越したことはない、その実例がここにあると、その本を読んで思ったわけです。この話は、あまり人前でしたことはありません。建築学会賞をもらって、愛媛県に講演会に行ったときに、その愛媛出身の福岡さんの話を少ししましたが、そのような求道的な性格が私のデザインの根底のところにあることは確かです。できたら、そういう、霞を食うではありませんが、哲学的手法で有効な建築ができたらいい、とい

上・下／松煙の黒漆喰と白漆喰の県立美術館（一九九三年）
日本設計、環境設計とJV

中芸高校格技場

1995年｜高知県安芸郡田野町
剣道と柔道場が一体になっている。
スパン15mを集成材を使わないで、
地元の大工の施工でできる
3寸角3段の重ね梁を曲げながら
成形しているのが構造上の特徴である。
［延床面積：513 m^2，施工：岡内産業］

まだに思っています。

私が高知の仲間たちと三〇年来一緒にやってきた「土佐派の家」の活動で、一番大切にしているのは、「息をしている」ということです。木材が呼吸できるように、塗装はしないか、あるいは、浸透性の、できれば植物性の油を塗るようにしていて、被膜はつくらないよう心がけています。あまり深くかかわらないで、時間が経つとずっとよくなるものをめざしているのは、『わら一本の革命』にあるような哲学に共鳴してのことなのです。

たとえば土佐漆喰は、現代的に優れた材料かどうか分かりませんけれど、発酵した稲のわらを使うので、最初は黄色がかっているけれど、時間とともに白くなる。一〇〇年くらいたつと、こんなふうになるという、実例がいくらでも身近にあることで分かっているという意味と、雨に強いということで信頼できるのです。土佐の漆喰と沖縄の漆喰は、ツノマタという糊を含まない。その分、塗るのは難しいけれど、雨には強い。それをうんと大事にしようと思っています。モルタルに吹き付けとは違って、漆喰というものは、陽があたってもやけどをするようには熱くはならない。本当は、実験でどのくらい差があるのか、証明すべきですけれど、経験的にそんな気がしています。土佐漆喰の欠点と言えば、値段がちょっと高いところですが、手間をかけてちゃんとやれば、存在感が出てきます。土佐漆喰伝統の四色というのがありまして、松煙の黒、群青と呼ばれる酸化コバルトを入れた青、べんがらを入れた赤、そして白という、伝統の四色です。

☆**いえづくり'85プロジェクト提案競技**……木造住宅の工法合理化を求める建設省主催のコンペ。山本長水を代表とする六人組「グループすぎの家」が提出した「すぎの家——とさ」が特別優秀提案八案の一つに選ばれて建設大臣賞を受賞している。

「土佐派」結成まで

土佐派結成のきっかけは一九八四年の「いえづくり'85プロジェクト」☆コンペに始まる一連のコンペなどです。高知県の建築課長に伊藤憲介さんという人がいまして、われわれの、地元の材料を使ったりする地道な仕事を評価してくれる役人には珍しいタイプの人でした。東孝光さんの事務所で勉強してきた千頭邦夫さんの事務所で、スライド会という若い人数人でお互いに最新の仕事を写しあう勉強会をしていたときも、そんなところに参加してくれる、役人としては変わり者だったのかもしれません。高知工業高校の建築科出身の技術者で、県の住宅供給公社にも影響力があって、横浜ニュータウン（高知市横浜新町）の後になりますが、十市ニュータウンを開発するときも、ある区画は建築士会青年部に任せたりしてくれたのです。土佐派の育ての親ですね。

横浜ニュータウン開発の際、高知県の住宅供給公社が分譲地を売って住宅を建てるときの標準設計メニューのコンペが行われたのです。三等までに入った優秀案は、モデルハウスを実際に建てましょうという条件のコンペだったんです。実際に建つというので、高知の若手の元気な人がみんながんばって応募し、一三〇案以上集まりました。審査委員長は山下和正さん、伊藤さんも審査員に入っていました。また県下の市町村の公営住宅についても、藤本昌也さんを招いてコンペをしたりして、高知の若い設計者にチャンスを

横浜ニュータウンのモデルハウス（一九八六年）撮影：松澤敏明
右上／「土佐の家 納屋型」（設計：上田堯世）
右下／「ニューファミリーの家3」（設計：細木茂＋太田憲男）
左上／「はねだしの家」（設計：松澤敏明）
左下／「白と黒のある家」（設計：山本長水）

屋根は銅板長尺瓦棒葺き、
壁は伝統スギ板張りの組合せ。
軒の出を1,500 mmと深くし、
外部の木製建具を保護している
(中芸高校格技場)

四面体の方杖が水平力をも負担している。
天井の小舞桟は目透かし張りで
吸音性を持たせ、土佐漆喰とヒノキ板の壁面は
凸面仕上げで反射音を拡散させている
（中芸高校格技場）

与えてくれたのです。

結局横浜ニュータウンではモデルハウスが七棟建設され、「土佐派の家」のスタートとなりました。しかし上位に入賞したモデルハウスはながらく売れなかったのです。「こういう風に家族が増えていったら、こんな使い方ができます」とパネルをつくってアピールしたのですが、ハウスメーカーに比べてわれわれ設計事務所の設計したモデルハウスはなかなか買い手がつきませんでした。けれど、私の設計したモデルハウスは、大分遅れてお医者さんの一家が入居され、いまだに気に入って住んでくれていますけれど。

どうして当時、土佐派の家は、受け入れられなかったのか。一つには、材木に節がある。この節があるというのは、「土佐派の家」で重要な主張なのですが、荒々しくて、材木がむき出しですからね。そのころ、私が設計した、住宅の落成式をするでしょう。親戚の人がお祝いに来て、主賓の人は、その家をほめなくてはなりませんね。ところが、どういう風にほめていいのか、どぎまぎしている姿が分かるんですよ。表座敷ではなくて、納屋や倉のような荒っぽいインテリアですから、当時の価値観からいうと、ビートルズぐらい新しかったと思いますね。いつも落成式では、私が、建築主はいかに堅実でまともなことをしているかということを説明せないかんのでした。一般の人にどういう風に語りかけるかということは、大事なことで、初期には「土佐派の家」もそういう意味ではそれなりに苦労しているわけです。

写真二点／垂水の家（一九七五年）

全国的に大いに注目を浴びる

かたつむり山荘が一九六九年でしたけれど、一九七五年に水谷頴介☆さんの事務所の「垂水の家」で、私の重ね梁の構法を使ってくれています。水谷頴介さんは、基本設計、間取りをつくり、構法は私が提供しました。水谷さんは、凝ったディテールを描いてくるんですが、こんな面倒くさいことをしなくてもいいのではないかと、私がシンプルな方法で押し通しました。それは、内外真壁で、重ね梁も外に出ていまして、神戸に建っています。一度横吹きの豪雨ですごく雨が漏ったらしいですが、それなりの手当てをして神戸の大震災でも割れ一つ入らなかったです。節のある木で、天井を張らずに小屋組みを見せるやり方の最初のころですね。高知からスギの小径木の

十市団地木造橋（一九九二年）撮影：山本長水

ベンガラ漆喰と白漆喰の青柳本店外観（一九八七年）撮影：山本長水

道の駅の先駆けとなった、宿毛サニーサイドパーク（一九九一年）

併設された木製遊具

☆**水谷頴介**……一九三五年—九三年。東京都世田谷生まれ、神戸育ち。建築家、都市計画家

相愛本社

1996年｜高知市重倉
雑木の茂る里山の斜面に木造社屋を建てている。
等高線に沿って曲りながら、
切土部分に建て、盛土部分を通行する。
[敷地面積:24,000 m^2, 延床面積:2,100 m^2,
施工:橋田工務店 他5社]

地場産センター木造キャノピー（一九八五年）
MA設計他とJV　撮影：山本長水

窪川営林署（一九九二年）
撮影：西森秀一

やなせ杉の家（一九九六年）
撮影：西森秀一

重ね梁を刻んでトラックに山積みして、高知の大工と一緒に神戸に乗り込んでくれたのは、当時、勇工務店の社長をしていた構造家の山本幸廷さんです。彼がいなかったら流れはまた変わっていたでしょうね。

それから、そんな家がだんだん増えてきて、ジャーナリズムにどんどん出て行くようになった。高知放送☆でこのような家を取り上げてくれて、毎週のようにテレビの映像になって流れていくので、そういう家が恥ずかしくなくなったのですね。それは非常にラッキーだったですね。新建材ばかりの家の対極で、ジャズのハスキーボイスとも言えるし、ちょうどGパンが破れていても、すり切れていても恥ずかしくないという風潮と似たようなところがあると私は思っています。節があるのが本物の証拠で、合板は息をしない。高知のような湿気の強い土地柄ですと、合板には

☆**高知放送**（ＲＫＣ）……「おはようこうち」の中で提供されている高知県木材普及協会提供の木造住宅情報番組で、ディレクターの笹岡高志氏にリードされていた。

☆☆**橋本大二郎**……一九四七年―。東京都生まれ。第一三―一六代高知県知事。元ＮＨＫ職員。「木の文化県」と称する施策を出し、公共建築の木造化を一九九〇年代から全国に先駆けて進めた。

カビが生えます。けれど、真物は、息をしているので何ともないのです。

私の設計の実績をふりかえって見てみると、一九六六年に独立して、最初のころは、鉄筋コンクリートの家が多かったです。途中から、鉄筋コンクリートの住宅をといっていた建て主にも木造を勧めるようになりました。また、もう一度地域の風土に合った木造が通用するような時代になったのです。

高知県商品計画機構ができたのは、一九九三年、橋本大二郎氏☆☆が知事になってからです。橋本氏の選挙公約の一つが産業活性化のために高知の商品を県外にも売りに行くための会社をつくるということでした。当時会長だった上田さんが知事に提案して、「土佐派の家」もその商品の一つに組み込まれたのです。

一九九五年にはPart I、それが評判が良かったので次の年一九九六年にPart IIとして「土佐派の家」の本を出しました。これは『新建築』の元編集長である中谷正人さんに編集をお願いしています。中谷さんには全国的な視野から「土佐派の家」の活動をその後も見ていただきました。「土佐派の家」の家庭教師と言っています。二〇〇八年にはPart IIIが出ました。「土佐派の家」が組織になったのは、一九九五年の本が出たときですが、横浜ニュータウンコンペから一〇年、一冊の本になるくらい、それぞれメンバーが「土佐派の家」と呼ぶにふさわしい家をつくっていたのです。全国的に大いに注目を浴びました。一九九九年には「中芸高校格技場」で日本建築学会賞(作品部門)をいただきました。その後、全国レベルでみんながやるようになって、あまり建築雑誌におけるニュース性がなくなったといえますが、いい方向に流れていると思います。

今でも高知新聞の文化教室がありますが、「土佐派の家」を文化活動に持ち込みました。一万円

右から
『土佐派の家 100年住むために』
(PART I)
『土佐派の家 技と恵』(PART II)
『土佐派の家 美しく住まうために』
(PART III)

緑と一体化した入口ロビー
（4点とも相愛本社）

レストホールと呼ばれる
扇垂木の下の社員食堂

事務所にはトップライトが
可動ルーバーに調整されて下りてくる。
暖気はダクトで床下に導かれる

社長室の隣の応接室

授業料をいただいて、建築主を教育しようという講座を開いています。

「技と恵み」の「土佐派の家」

「土佐派の家」は、高知県商品計画機構で商標登録をしたのですが、知事も代わってこの機構が二〇〇九年に解散した後も、高知県設計監理協会が引き継ぎ、その後は日本建築家協会高知地域会と「土佐派の家ネットワークス」のわれわれが中心となってそれを引き継いでいます。「土佐派の家」とは何かということですが、三つの原則だけを挙げています。「地元の材料、素材を使う」「職人さんたちの技を生かし、継承する」という「技と恵み」、それに昔ながらの家ではなく、「現代の感性にあったものにする」という原則です。いまだにアルミサッシは使ってもいいのか、ユニットバスはどうなのか、という議論はありますが、わりと緩く原則的なことにとどめましたから、「土佐派の家」が生き残っていけているのかもしれません。

風土と密着した関係が重要で、地元の材料、素材だから使っているというだけではありません。それを使うということは信頼感もあり、機能的にも優れている。耐久性も保証されている。嘘ではない建築をつくりましょうということです。

高知県建築設計監理協会が解散したあとは、日本建築家協会（ＪＩＡ）四国支部高知地域会が引き継ぎましたので、ＪＩＡの会員で「土佐派の家」の委員会に登録しておけば、「土佐派の家」についての勉強はできるようになっています。ただしそれが「土佐派の家」かどうかは、設計者本人がそう思わないといけないところはあります。また、消費者も、たとえば、木製建具でも、どういう使い方をすればメリットがあるのか知りませんから、説明できないといけません。それから土壁の家と筋交いの家で、どう違うのかですが、われわれの実験☆によりますと、土壁は地震で一〇分の一傾いてもひびが入るけれど、抵抗して力を保とうとします。筋交いの壁は、三〇分の一、つまりその三分の一の傾きで骨組みの主要な部分が壊れて倒壊する恐れがあります。建築基準法上で強度が同じでも、土壁のほうが粘り強さがあって地震のときは断然安全ですよ、と私たちは説明しています。

土は息をするので、湿度のコントロールができます。熱容量が大きいので、暑さ寒さの変動が少ない。地元の材料を使っていて、自然の土に還っていけます。もちろん、ちょっと高いということはあるし、乾くのに時間がかかるけれど、石灰を入れると、生乾きでも家を建てられます。でも、ゆっくりした建て方を愛している建て主に来てもらいたい。長く住んできて家族の求める機能から実際の建物がずれてきてしまっても、機能とは独立して建築として存在し続けたいというのが、私の哲学からしたら理想なんです。これからは次の世代の若い設計者で、「土佐派の家」を信頼しようという人が出てきたときに、われわれの中で問題を整理しておいて、ちゃんと提供しなければならないと思っています。

☆**われわれの実験**……(社)高知県建築設計監理協会が「土佐派の家普及・活性化に関する事業」として行った実験研究活動(協力/早稲田大学、高知県森林技術センター)。「国土交通省助成平成二十年度地域木造住宅市場活性化推進事業補助金成果報告書」(平成二一年三月)所収。

土壁の破壊試験

稱名寺

2001年｜高知市升形

ベンガラで彩色されたスギの
骨組みにトップライトが下りてきて、
光の中に阿弥陀様を迎える。
トップライトの下に集まる熱は
床下に送られる。土佐漆喰の壁が、
読経や鐘の音のよく響くライブな
音環境をつくっている。
[延床面積：294m^2, 施工：橋田工務店]

皓月山

土着の思想と茶道の精神

京都北山の磨き丸太が最高級品といわれていまして、一本の柱が天然ものでは一〇〇万円を超えるものもあるとされていました。人工丸太でも五万円、一〇万円というオーダーですね。かたつむり山荘で使っている丸太は、それこそ、そのあたりの林から抜き伐りしていまして、じかに引っ張ってきています。市場に出すよりさらにシンプルなルートで来ています。市場に出せば節のある柱の相場は一本五〇〇円くらいです。そもそも千利休が節のある丸太を使って、床かまちや床柱にしたときには、上等なものを使うつもりはなくて、そこにあるから使うという考えだったのではないかと思います。かたつむり山荘では、利休ほど洗練されてはいませんけれど、その、そこにあるから使うという考え方に戻ろうとしているということですね。姿勢としてはそういうことです。一般の茶室は北山杉のような銘木を使って建てるようになりましたので、べらぼうに高価な建築になりましたが、利休は私が死んだら茶の道は廃れてしまうだろう、しかし世間では茶がうんと繁盛しているという評価をするだろうと予言をしていたようですが。常に世の中は堕落をしていく傾向にあるわけです。

つまり、丸太がそばにあって、それをまちの製材所に持って行って、角材にして建てるというのが常識だったけれど、せっかくすぐそばにあるのだから、あまり運ばないでつくろうというのが私の最初のイメージでした。普通の木材というのは、二、三、四、六メートルという定尺だとして、それが常識ですが、ここではそれを無視して、好きなように伐っています。そのために割高になったかというと、シンプルな流通なので、そうではないのです。

右／かたつむり山荘にて（一九八三年）
左／渡り腮で交差する丸太の柱と梁　撮影：井上玄

相愛本社でも、登り梁などは、四メートルではちょっと足りないので、五メートルくらいの材を平気で使っています。一般ルートをちょっとはずすと、面白いことができるのですが、とても高価になるので、皆、恐ろしくて設計できません。私は、そういう情報のある世界に住んでいたので、素直だけれど高価でない建築ができていたのです。中芸高校でも梁に使っている木材は柱よりもちょっと小さくて、三寸角です。柱にならない太さだと、ヒノキであってもスギ並みに安い値段で流通しているのです。

かたつむり山荘のときは、直径いくらで長さはどれだけという丸太リストをつくりました。乾燥は葉つき乾燥とか、葉枯らし乾燥といいまして、夏は二ケ月、冬は四カ月くらい葉をつけたまま山に寝かせて乾かすのです。丸太を組み合わせるときに柱の芯と梁の芯を交わらせないで一五〇ミリメートルずらせて渡り腮《あご》という仕口にしてボルトでとめています。もちろん自分で模型をつくりましたが、大工も模型をつくって確かめていました。天井は四五ミリ厚の耳付き板です。工事費は木材代を相場で入れて一九六九年の竣工時で七〇〇万円でした。一九八八年に道路建設により移築したときは一六〇〇万円かかりました。父からの依頼でしたが、設計料はしっかり工事費の一〇パーセントをもらいました。

造林間伐木の重ね梁「中芸高校格技場」

それまで中芸高校には軽量鉄骨の格技場があったのですが、木造で建て替えることになりまし

土佐漆喰の外壁に付く伝統の水切は銅板でつくっている。
入口はスロープに導かれ、車椅子で参拝や説法が
聴けるようにしている（稱名寺）

地面から1,300mm上がっている
前面向拝下の空間は、聖域の中の
休息場の役割を果たしている(稱名寺)

た。当時の建築課長中島秀夫さんの裁量でできたのだと思います。木材振興を公約に掲げていた橋本大二郎高知県知事の時代です。東の田野町の「中芸高校格技場」は私、西の「清水高校格技場」は上田堯世さんの設計で、同時に頼まれたものです。柔道と剣道が同時にできることが条件で、スパンが一五メートルと二七メートルあります。上田さんもそうですが、造林間伐木の重ね梁でやっています。この重ね梁というのは住宅以外では高知で初めての試みで、それ以来、高知県工業技術センターでも造林間伐木の重ね梁の破壊試験をやっています。

体育館のようにカーブしているものは、集成材を使うのが普通なのですが、それを大工の技術でやろうという発想は、重ね梁をやっていなかったら思いつかなかったでしょうね。集成材を使えば、建材メーカーが構造計算もしてくれるのですが、競争原理が働かなくなって割高になります。カーブした集成材は、当時一立米で八〇万円ぐらい。一方、ヒノキの製材は、その一〇分の一です。中芸高校の評判が良かったので、木造三階建ての県営住宅十市団地（一九九八年）の設計も委託されることになりました。

われわれの働きかけもあってか、高知県は今でもプロポーザルか特命で設計者を決め、設計の競争入札はあまりしないというのが伝統になっています。高知市は入札でダメなんですけれどね。設計料については高知県の場合、県が決めますが、少なくて困ったという記憶はないです。

上／高知県工業技術センターで行った、中芸高校格技場の重ね梁の破壊試験
下／燃え代設計による県営住宅十市団地木造棟三階建て
撮影：西森秀一

木造の社屋「相愛本社」

相愛の永野正展氏との出会いは、私が事務所を始めてまもなくの三五歳くらいのときです。先代の社長に連れられて、卒業して入社した挨拶に来られたと思いますね。相愛というのは元夜須町の職員だった先代の社長が始めた測量と地盤調査の会社です。新社屋の予定地であった高知市内の元農地だったところは地盤が悪いうえに狭く、社長の地盤のいい山の斜面を使うべきだというのは、私も賛成でした。

でも、相愛の山の敷地は宅地としては急斜面で、等高線の入った地図を手がかりに敷地を見に行ったりと大変でした。こんな山の中に木造の本社を建てるなんて、と、社長以外、社員全員反対だったそうですが、うまくいったのは、等高線に沿って建てたから。なるべく動かす土量を少なくして、素直に建てて、穏やかな家並みのつながりをつくろうとしました。そういう説明をすると、さすが地盤の専門家ですから、すぐに分かってもらえました。造成は極力せず、今生えている木をなるべく残しました。後から社長に聞いたことですが、地目は雑種地や山林のままにしておけるので、固定資産税も劇的に安くなります。それは省エネルギーであり、環境にやさしいことになります。建築学会の資料集成の『環境』にも載りました。

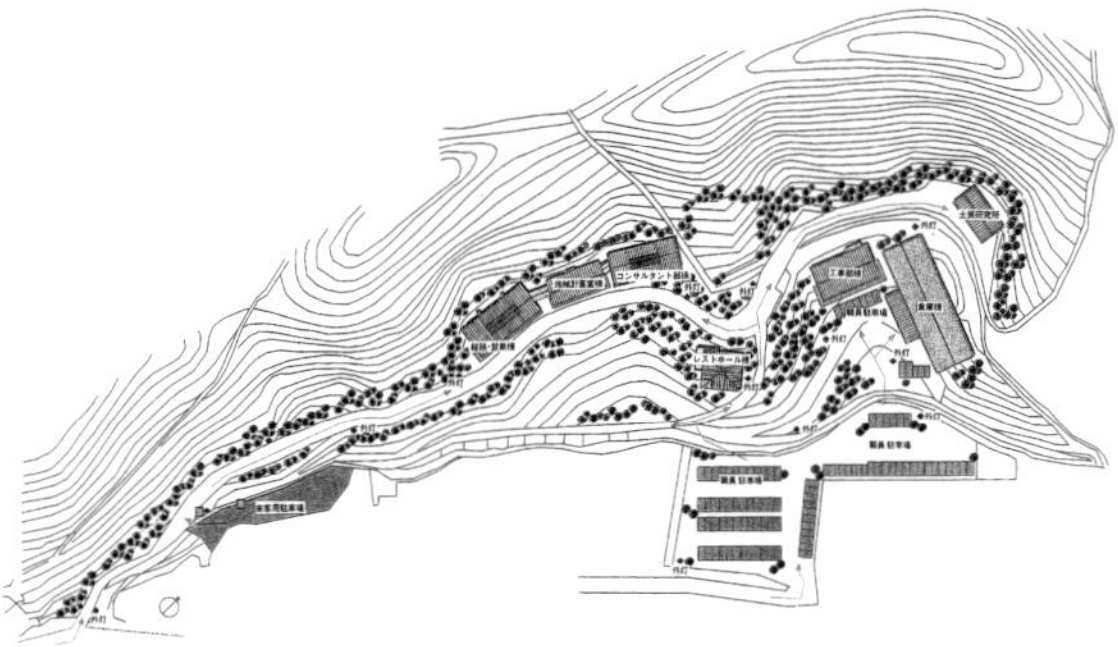

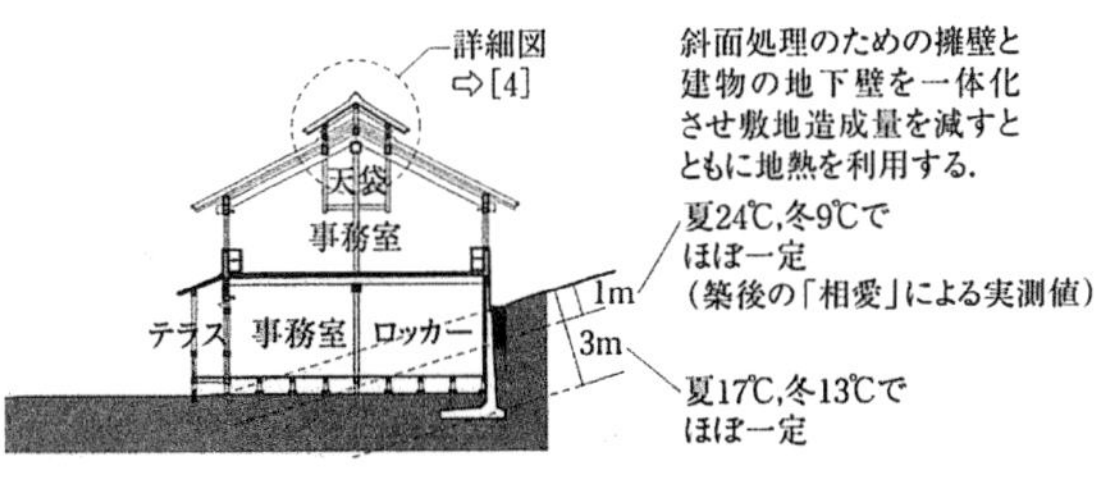

上／相愛本社配置図　等高線に沿った社屋の配置
下／日本建築学会編『建築設計資料集成 環境』（丸善、二〇〇七年）より

都市計画区域外なので、給水、排水はありません。ボーリングは相愛の専門ですから、井戸を掘り、下水は浄化槽を通して林の中に導いて蒸発させる。敷地外には出さない。そういう意味では自立型です。屋根瓦のついた本社屋なんてありませんから、びっくりされましたね。

かたつむり山荘でうまくいったのでペチカもつくりました。二階を主な執務室とし、かたつむり山荘、中芸高校にもありますが、昼間から照明をつけたくないですからトップライトがあります。高知は南海地震で津波が来るといわれていますが、自立型なので、災害対策にもなります。鮮やかな水色の漆喰の壁がありますが、これは酸化コバルトを入れた高知の伝統的な土佐漆喰壁です。時が経つにしたがって色が冴えてくるのです。

木の文化、木の哲学「稱名寺」

稱名寺の住職・早瀬源慶さんとは同い年で、石州流の茶道の仲間です。家内が建築をやるのだったら、お茶を習ったら、と勧めてくれまして、高知新聞の文化教室に行ってみたのです。先生が利休の逸話など、面白く教えてくれたので、続けることができて、もう四〇年を超えました。一応、一帖半の資格をもらっています。

稱名寺には、本格的なお堂がなかったので、建設することになったのですが、住職は、伝統的な様式でなくてもよいという考え方の持ち主でした。スギでお寺をつくるというのは、高知では常識的ではないですが、構造は東大寺の南大門に倣っていますし、堅実な方式だと思っています。

右／茶道の師・中居作吾郎先生
左／住職ほか石州流の茶道の仲間たちと

伝統的な貫で組むと、崩壊しにくい骨組みができます。私は木を編むと言っていますけれど、大径木が手に入りにくくなりました。造林木を間伐して使うというのがテーマの時代ですから、かごのように細い木をたくさん集めるとねばり強い構造ができる。かごは放り投げても壊れません。構造的には陰にブレースがはいっていて、法的な耐震性は満たされています。

今、基準が厳しくなって、木に薬物を注入したり、集成材に加工したりしますが、薬物を使うのは、哲学的に邪道だと思います。昔ながらの素直な使い方をして、構法さえちゃんと選べば、木は一〇〇〇年もつ材料ですからね。息をして空気を調節してくれますから、変な処理をしたら、機能を失ってしまいます。

そこは哲学的な美しさを追及しなくてはならない。木の文化をおかしな方向に持っていくのはいけないと思っています。土佐派の人はそういう素直な気持ちを持っています。高知では、台風や湿気など、過酷な条件に晒されますから、あまり大げさなことをしないほうがいいと思いますね。省エネルギー基準で「外皮性能」がうんぬんされています。外皮性能もいいのですが、それはヨーロッパから日本でも北国に入ってきた考え方です。高知の場合、そんなことをしなくても、もっと開放感のある調節の仕方があると思うんですね。私は冷房を入れなくても過せるようにしていますが、省エネ基準とか、外皮性能だとかの基準には、これまでの私の仕事はあてはまらない。アウトです。ヨーロッパは基準が厳

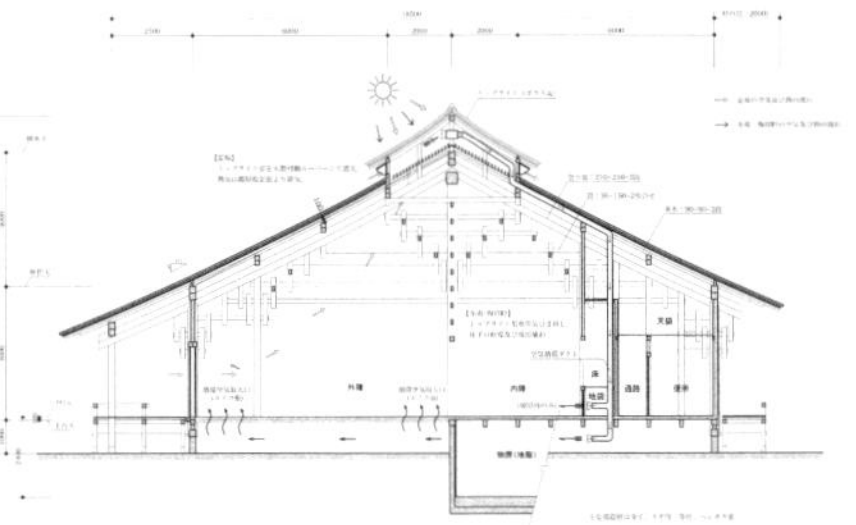

上右／木を編んだ稱名寺
撮影：井上玄
上左／稱名寺断面図
下／新月伐採材を一山分購入して建てたすこやかクリニック（二〇〇七年）

しいといいますが、外皮性能の基準に合わせるには、ペアガラスを入れても開口部をかなり狭めないとダメです。奄美大島と新潟が同じ地域にくくられたり、一律に基準に合わせようとすると、文化の破壊につながります。それはハウスメーカーの大量生産の論理なんです。省エネと言いながら地域によっては建物の寿命を縮め、庶民に高価な出費を強いることになるのは、邪道じゃないかと思います。

高知地盤図編集委員会『高知地盤図』(社)高知県建築設計監理協会、一九九二年)

高知の建築家団体に望む

社団法人高知県建築設計監理協会は官公庁との関係もすっきりしており、意識の高い人たちが参加していました。だから、ながらくこの会員じゃないと役所の発注する仕事は受けられないと思われてきました。私が入った時は設立二年目で、一〇名足らずでした。官公庁の設計料の入札問題でも、陳情など業界全体で取り組まなくてはならないと思うのですが、高知県建築士事務所協会のほうは、残念なことに設計専業の会員だけではないので、一緒に行動するということはうまくできませんでした。入札でもいいから仕事の機会がほしい、実績がないと参入できないという意見もあったのです。でも、構成メンバーの違う団体があるほうが、地域の活力という意味ではいいと思います。

日本建築家協会と日本設計監理協会連合会が合併したのは一九八七年五月のことです。そのころ、高知の設監協会は活力があったので、解散を先延ばしにして活動を続けてきました。高知では、両会は三〇人ほどのメンバーもほとんど同じで、役員、会長も同じにして一体の運営をしていました。その体制をずっと続けてきたのですが、そろそろ建築家協会に一本化してもいいということで、二〇一三年に高知県建築設計監理協会は解散しました。高知の建築設計監理協会は活発で、県や市町村から委託を受け、古い民家の調査や、地盤図の作成など自由に積極的な活動をしていましたが、建築家協会に活動の中心が移ることになると、公益団体という枠もあり、地域で独自な事業をやりにくい面もありますね。

高知の旧建築設計監理協会の仲間は、利益優先に走ることなく、社会的な活動のできるまじめさが保たれていて、地域に必要とされる建築家の団体だったと思います。それを受け継いでいる高知の建築家協会の仲間は専業意識というか、職能意識が高いと思います。

若い世代に伝えたいこと

私は戦争で焼け野原になったところに建築をつくる機会を与えてもらって、それはそれでラッキーな時代でした。戦中戦後は苦労しましたけれど、子ども時代の経験でしたから、あまり身にしみた苦労じゃなかった。破れかぶれやってきて、教科書に墨を塗ったり、価値観の変化に戸惑わされました。進駐軍が、土足で畳の上に上がってきたり、そういう異文化の不合理性を経験すると、自分で考えてやるしかないかという気持ちでした。

ただ、少々考えても伝統はなかなか超えられない。だから私は、伝統を尊敬していますが、伝統は勉強しないと使えない。本を読んでも独特な厳しい風土に根ざした伝統は身につかないので、伝統的なものを見たり、改修したりする機会に自分でよく考えることが大事です。

土佐派が大切にしている伝統は、その土地で使い慣れて五〇年、一〇〇年したら、どうやって朽ちていくか、使い込まれて美しくなるか、身近に見えているわけですね。新しいものを使うと、そういう経験値がないので恐ろしい。お客さんを実験台にするわけにいかないし。だから保守的に見える。高知では軒が出ていないと壁がダメになるとか、分かっているわけですね。新しい省エネ基準では、軒の出は評価されませんから、恐ろしいことになります。

若い人も、なんとなく受け継ぐのではなくて、自分の頭で考える。本に書かれた情報を集めるよりは、自分で考える時間をもったらどうかな、と思います。工夫をするといろいろと面白いことができます。前例のないことをやってみたらいいですね。

（このインタビューは、高知市南御座の森の情報館「エコアス馬路村」および高知県長岡郡大豊町の「かたつむり山荘」にて二〇一五年七月三日、七月四日の二日間にわたって収録された。インタビュアーは上田堯世、細木茂、太田憲男、松澤敏明、中山信二、戸田幸生、西川直子。テキストは西川直子が原稿化し、山本長水およびインタビュアーが加筆、修正を行った。写真・図版提供については、山本長水建築設計事務所・山本哲万の協力を得た。）

論考

文●山本長水

評判の悪い建築の方法
物とのかかわりを見直す

評判の悪い建築の方法

一九九二

この題名は、私の日頃設計している建築が、必ずしも評判のよいものではない、時には、建築主は別にして、普通の人には「評判の悪いものだろうな。」と自覚してやっていることが多いことから自然に付いたものです。この題名から思い出すのは、林昌二さんの『建築に失敗する方法』という本です。実は、この本を私はまだ読んでおりませんが、本の紹介記事などから、建築での失敗の話をすることで注意を促し、それを止めた方がよいという主張であるらしいのに対して、私の方法は自分はそれなりに真面目に考えてやっているけれども評判の良くないものになってしまう。できれば私のように真面目な建築を作って、評判の悪い仲間に入ってくれる人が多くなれば、自分の評判の悪さも薄まり《赤信号でも皆で渡ればこわくない》というような効果を期待しているといった、ちょっと不純な動機の題名でもあります。しかし、同じ考え方から出発しても、評判を悪くしないでうまく評価につなげる力を持った人もいる訳で、本当は、それを期待して、成功すれば私も素直に喜ぶようでなければ、建築だけではなく、人物の評判も悪くなってしまうことでしょう。

ところで問題の評判の悪い建築ですが、考え方をお聞きいただければ判るように、その目指すところは私が考えたものというよりは、既に先人のやって来られたものばかりです。しかし現在の風潮からは必ずしも一般的ではなく、少数派になっているところが問題です。

例えば小堀遠州が、庭の手入れをしている庭師に、土佐の方言で言えば「余んまりキレイにすなよ」と声を掛けました。庭師が、キレイにしていかんようなら「ダキにやるほうがよいですか」と問うと、遠州「キレイにしてさえいかんのに、ダキにやったらなおいかんじゃないか」と答えたという話が伝えられています。

また桑山左近（この人は修繕奉行で、大名でもあり茶人としても知られています）の招いた客が、庭の飛石を見事な配置だとたいへんほめて帰りました。帰るなり左近はすぐに石を掘り起こしてやり直したという話が伝わっています。庭を歩いて、足元が気になるようでは失敗だという意味だと思います。ここで評価されるとすれば、通ったあとで、どんな道だったか思い出せないようなものがよいということだと思います。

この二つの話は、いずれも評判のよくない建築を薦めているように見える話ですが、ここで問題になっていることは、たぶん高度な理想、微妙な美感であると思います。しかしそれは日本の伝統の美感の主流、（禅の考え方がその出発点になっていると言われていますけれども）侘びの美感そのものだと思います。

宮地照明・ラヴィータ別館
撮影：山本哲万

なぜこのような大それた話題を選んでしまったかということですけれども、例会の運営を担当している前田理事さんから、例会で話をせよとのこと。なぜ今私かというと、ちょうど会長もやめたし、ヒマになった（それは誤解ですが）ということと、最近、宮地照明のラヴィータ別館で、新しいアルミの使い方をしている（シワだらけの下手な板金仕事の外壁などとはさすがに前田さんはおっしゃいませんでしたが）このような伝統的な素材と新しい素材との取り合わせの考え方などを聞きたいとのことでした。建物はＮＨＫの東隣に出来ましたが、それで《評判の悪い建築の話》をしないとあのビルは説明できないと思ったのです。

あのアルミの一文字下見板は好きで積極的に選んだわけではなかったのです。段々とここに追い詰められた感じです。上田堯世さんとのＪＶの仕事ですが、コーヒーを飲みながら基本設計の打ち合わせをして決めていったのですけれども、初めはメースという石綿セメント板に決めていまして、確認申請もそれで下りていました。実施設計を分担することになって、メースは、私としては初めて使うのでいろいろ調べているうちに、石綿が使われているので施工の職人はその切断の粉末に注意する必要があることや、やがては製造中止になって将来メンテで、材の部分更新が出来ないかも知れないこと、などがわかってきました。また、目地はコーキングに頼らざるをえないので、これが老化した時の打ち直しには、他人の土地の上部に足場を造る相談をもう一度しなければならない。パーキングタワーと連なった三十一メートルの高い鉄骨造なので、この建物は柔らかい外壁を選びたい。なんとか安くてメンテナンスフリーな材料はないか。

メッキ鋼板は老化した時汚いので問題外として、〇・六ｍ／ｍ厚のアルミの横葺のしとみにすれば七〇〇〇円／m^{2}位で何とか出来る。しかし、どうみても安普請になる。みんな歪みのない厚板を使うし、出江さんなどはこの歪みにこだわってアルミの引抜材を使っています。何とか安普請と言われない方法はないのか。ここでは腹を決めて「清水の舞台から飛び降りる」気持ちで、このアルミの歪みを胸をはって開き直って認める事にしました。この歪みの美しさ、しわの美学の追及をすることにしたのです。大部分は機械で横葺にして、ベースでは経済的にした上で、あくまでも板金の手仕事の味わいを出そうと、わざと長手継ぎを乱して入れました。そして、角を丸くして表情を柔らかくし、窓上につけた水切りをその必要のない壁の部分にも入れて、壁面に陰をつけました。

アルミは光る材料ですが、薄板の板金仕事にしたことで、ちょうど静かな水面に写る太陽や月がまるくなるのに比べて、さざ波立った水面に光が映えると、水面が全面に明るい静かさを表すような、そんな効果を得ました。日の光は壁面の部分から反射するのではなくて、ビル全面を明るくすることになり、朝や夕べの暮れ時や、雨の日に自分でも驚くほど明るい表情を見せてくれることになりました。心配したＮＨＫへの照り返し公害も問題なくクリアしました。

私としては、そまつな薄板の侘しい姿の中の、ある種の美しさを引き出したつもりです。お陰で、施主をはじめ一般の評判はなかなか良いと私の耳には聞こえています。それで、清水の舞台から落ちてケガすることにならなくて、結果としてよかったのですが、やはり宮地照明を訪れる建築の専門家からは時々言われるそうです。「これはドーイタが（こんな板金よう長水さんは検査で通したもんねえ、とまでは言わないようですが）」このような評判が出るのを予想して、現場主任は何回も何回も毎日のように、「手仕事をやめてくれ、機械だけの横葺にして角に竪の見切りを入れさせてくれ」と泣きを入れて来ました。その度に、「それでは安普請になる。薄板で作っている事を隠したらいかん。私はイカンと思いましたが、長水さんがどうしたち聞かざったと言うたらえいきに。しわは隠すにようばんけれど下手な板金屋はいかんぜよ。腕立ちじゃないと。えいかよシワの美学ぜよ。」というヤリトリが続きました。

ここで小堀遠州の庭の手入れの話を重ねますと「薄板で無理にキレイにしようとしてはイカン。しかし手仕事でも心をこめてていねいにせないかん。ダキにしたらなおいかん。」ということになろうかと思います。

私がこれまでに体験した評判の悪い仕事の思い出は数々あります。落成式に招かれた客が、私の設計した新築の家の前を探して、行ったり来たりしたという笑えない話や、節だらけの木材を内装に使った時などは、建主本人は私の説明で、値段が節のない木の一〇分の一で済むことや、子供が傷つけても腹がたたんので健康に育つことなど、あらかじめ納得してくれているからよいのですが、落成式に招かれた客はほめ言葉に詰まって、シドロモドロになったりする場面も何度か体験しました。

南国市の大篠保育所の（南国バイパスから見える日本瓦の並んだ建物ですが）時など、まだ出来上がらないうちから、早手回しに高知新聞に投書までされました。お配りしているコピーがそれに対する反論ですが、投書は『夢も希望もない灰色のコンクリートの建物にがっかりした。都会のブティックなどではよいかもしれないが、もっと子供の夢を育む楽しいものであってほしい』というものでした。黙っているわけにもいかないので、市当局の許しを得てこのような反論を書きました。

『幼児の心と体に、毎日の生活環境がどんなに影響するのか、十日付本欄のように、お母さまに建築が話題にされる時代がきたことをうれしく思います。

保育所の建物はおっしゃるように、夢の世界に誘う建築でありたいと私も思います。問題は夢の中身が毎日毎日同じでは、もはや夢でも希望でもなく、苦痛でさえあり、無感動のものとなるということです。おいしいごちそうが三日続いても、飽きれば変えればよいし、花柄のドレスもたんすにしまえば済みます。建築でもマーケットやホテルなら一時の付き合いですから、刺激の強いデザインが望まれます。

しかし住居や保育所・学校など、飽きても逃げられない日常生活のいれものの場合には、ちょうど白いご飯やお茶などのように、子供にも大人にも、少し物足りなくて、うれしくもどうもないが、毎日、毎年いつまでも飽きのこないもの、取り合わせるおかずやお菓子の変化で、いつまでも夢を盛り込めるもの、そのようでなければなりますまい。子供が苦いというからといって、緑茶に砂糖を入れるでしょうか。つまり桜や七夕飾り、子供の描いた絵がよく映える建物にしたいと、保育の専門家とともに何度も何度も会を持ってデザインされたものです。ですから、工事が全部仕上がるまでお待ちになって、子供さんにも、自分たちでどんなふうに飾ることができるかを話題にして、楽しみを持たせてあげてください。』

ここでの少し物足りなくて、うれしくもどうもない建物の目指すところは、先の桑山左近の庭の飛び石と同じものです。

住環境研究所というところの調査（首都圏・近畿圏の四五五人一戸建住宅建替者対象）によると、最近では、住宅は築後二〇年で半分以上がもう建て替えているそうです。私も設計を頼まれた古い家が、まだ十六年しか経っていないプレハブだったという経験がありますが、地球にやさしい建築の最たるものは、やはり長持ちするものだと思います。三〇年後にじっと味が出てくる建築は、新しい時が一番美しいという建築に比べると一般に評判が悪い。源平の目立つスギの造作は、新しいうちはピーラの造作にはかなわないし、節のある柱は貼の柱より新しいうちの見映えでは、見劣りします。

化粧合板のドアに相当する値段で真物の木の建具を造ろうとすれば、やはり節のある一〇分の一の木で建具を造らねばならない。初めは節のある木の建具など、どこの建具屋さんも相手にしてくれませんでした。しかし、化粧合板に三〇年後の味の深まりを期待することはできません。節のある木のほかに、漂白しない生なりの和紙や生なりの綿の布を好んで使ったり、細いサイズの紙などを継ぎ合せて使う面白さも、時には「ノー」と言われる事があります。しかし、若者にもジーンズの洗いサラしたものや、繕い跡の味わいなどを楽しむことがあるように、建築も、時と共に繕いの跡を許すような美感が必要であると考えています。評判が悪くても、三〇年後に製造していないもの、従って修繕の出来ないものは使うことを避けたいと考えております。

評判の悪い建築の極めつけは、やはり『我が家』という事になりましょうか。私がいくら自分の信ずるところから、評判の悪い家でも造るといっても、施主の納得の得られる範囲に留めての話です。長年の経験から、建築のような生活に密着したものは、言葉で言いくるめて説得すると、よい結果を生みません。言葉を越えた信頼関係が先にないと、生理的に受付けてもらえないということが判ってきました。

しかし、我が家だけは遠慮しないでやったのですが、結果はそれほど常識外れではないので、私も健全な良識をそなえていると自負しています。

しかし、我が家で、家内に評判の悪い点はいろいろあります。二つだけ挙げますと、一つは床に段差がありすぎることです。いずれも家の寿命のための健全な納まりというのが動機です。お陰で一〇年長生き出来て、足首が細くなる利点を強弁しています。もう一点は、木製建具です。木製建具は、スベリが悪く、掃除が大変で、アルミサッシが良いというのです。私は木の建具なら換気の事は忘れて暮らせるし、ウグイスや雨の音が聞こえてよいと主張しています。安藤忠雄のようにはなかなかいかないのですが、やはり人間の野性味を損なうことのない家を造ろうとすると、かなり努力しないと一般の評判は悪くなります。我が家は「設計料をもらったら、もっと考えたけんど、フリーハンドで書いただけやったから」と逃げるところでケンカは終わる事になっています。

これまでの話で、私の建築は伝統の「侘」の美感と、「無」の思想を現代の方法で実現しようとしていると見ていただいてよいかと思います。衣料の世界ではブルージーンズという、よいお手本があります。庶民的で、安くて、長持ちして、着古して味が出てくる。ブルージーンズは、長い間、労働衣としての進化の歴史の中で、ある日突然、ファッションの波に乗って評判のよいものに変身しました。間伐材をベースにした『すぎの家』や私の家も、ある日、ファッションの波に乗ることがあると夢見ております。それまでは、評判が悪くても節を曲げないでガマンする外ありません。

（出典：社団法人高知県建築設計監理協会『NEWS設監こうち』一九九二年八・九月号）

物とのかかわりを見直す

二〇〇八

人と人とのかかわりが深まり、関係が親密なものに進むと、そこに愛が芽生えます。相手の立場を尊重しようとし、そのために自分が犠牲になることがあっても、それがむしろ歓《よろこ》びになる関係にまで深まります。主人と召し使いの関係のようにこちらの意のままになる関係では満たされない、より深い喜びを共にすることを望むようになります。

人と物とのかかわりにもそのような関係、人の方が犠牲になっても物の立場を立てようとする関係が生まれています。

箸だけで

われわれの食事は伝統的には二本で一組の箸《はし》だけを使って食べます。これで鯛の小骨でも卵豆腐でも挟めます。いかそうめんの挟みやすい箸や、里芋や大根の煮物の挟み切りやすい、よくできた箸もありますが、基本的にはこれだけで食事をする習慣です。

その動作は洗練されて美しいものになっています。幼児が箸を使えるようになるまでの長い長い努力を、先人はじっと目を細めて見守ってきました。手に持ちやすい柄の曲がったスプーンなら食べやすいと分かっていましたが、長い伝統はそれをしないできました。それをやり始めると物の数が倍に、戸棚の大きさが倍に、家の大きさが倍に、ゴミ捨て場が倍になると分かっていたからだと思います。

インドの女性服サリーも、一枚の広い布だけでできていて、どこにも切ったり縫ったりしたところがありません。一枚の布を腰ひもに挟んで体にぐるっと巻き付けるだけで終わりなのです。ガンジー首相にも、道路脇の工事現場で土を運ぶ労働に従事する女性にも同じように愛用されているようでした。

ヒノキ間仕切ユニット家具　コンクリートのマンションの一画などで、床と天井を先に平らに仕上げして、間仕切はユニット化された家具を積み重ねて置くだけでつくるという手法は昔から考えられてきた。子供の成長や使い方のニーズの変化に対応して、建築工事なしで模様替えのできる住まいづくりの例（高知市O邸）である。節のあるヒノキの並材を使った家具で、（有）セト青柳工芸の山本和夫さんの協力をいただいた。

あぜくら棚　横長の材の一部を欠き込み、それと直角方向の材の欠き込み部分を互いにハメ込んで、材を組み合わせる。これは木材など横長の材の組み合わせ方としては、一番単純で石器時代の道具でも簡単に加工できる原初的な木組みである。正倉院の校倉の木組みもこれであり、丸太を組み合わせたログハウスもこの木組みでできている。写真の棚は、高知のヒノキを30−90ミリの断面に加工して、それをあぜくら組みにした家具で、小さい単位を並べることで空間的にいくらでも広く展開できるシステム構成になっている。（株）山本森林工房の製品で、ヒノキの素木の素材感がその香りとともに好感を持たれて、一時は東京中のデパートに展示棚として採用されたと言ってよいくらい使われた時期もあった。また、工業デザイナー柳宗理さんの書斎にも使っていただいている。

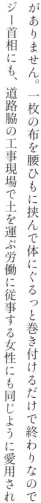

想像するところ、日常の家事のさなか、この布を上手に体に留めておくことや、労働の激しい動きの中の足元のすそさばきをよくするには、相当の長い修練が要ることだと思いますが、彼女たちは長い文化の伝統の中でそれを変えないで守ってきました。

流れるような布の線の美しさは無意識のうちの美しい姿勢や動きが身に付かなければ出てこないでしょう。このことでおのずとインドの女性の品格がにじみ出てきます。またウエストの合わなくなった衣装で彼女たちのタンスがいっぱいになるという現象は起きないでしょうし、衣装は代を継いで使えるものになります。

二〇年でゴミ

自転車でもピアノでも買ってきただけでは役に立ちません。だからと言って四つ輪にしたり、補助輪をつけたり、電子ピアノにしたり、楽な方法が必ずしも幸せな物との関係を生むとは言えません。近代文明は豊かさに任せて、見かけは安価な、使い捨てに走りましたが、ゴミの山を作りました。

家造りは道楽になるほど愉しいものです。その一番愉しい木の癖を見て木を刻む、やりがいのある大工の仕事をプレカットの機械に任せて、手直しすることができず、二〇年でゴミにしてしまう道は、やはり文化にはなり得ないものと思います。

（出典：山本長水＋土佐派の家委員会『土佐派の家PART III ——美しく住まうために』二〇〇八年六月「土佐派の家」出版委員会発行）

座談会

伝統の自然素材と技を現代の感性で

土佐派が語る「土佐派の家」の精神

上田堯世×細木茂×太田憲男×松澤敏明×山本長水

あげた・たかよ
1942年8月高知県いの町生まれ。
1964年滋賀県立短期大学工学部建築学科卒業、
田中小西建築事務所入所。
1965年上田建築事務所入所。1985年同代表。

ほそき・しげる
1947年3月高知県土佐市生まれ。
1972年神奈川大学建築学科卒業、
MA設計事務所入所。
1979年細木建築設計室設立。
1984年細木建築研究所に改称。

おおた・のりお
1951年7月高知県東洋町に生まれる。
1977年明治大学大学院修士課程修了。
1978年MA設計事務所入所。
1997年アクシス建築研究所開設。

まつざわ・としあき
1955年2月高知県中土佐町生まれ。
1978年神奈川大学建築学科卒業、
建築工房システムデザイン(東京)、
梅木設計(高知)を経て、
1984年松澤敏明建築研究室開設。
1995年徳弘・松澤建築事務所に改称。

やまもと・ひさみ →P.86参照

――まず、皆さんの高知とのかかわり、高知で仕事をすることになったいきさつからお聞かせください。

上田　私の父☆は高知県の技術者から文部省に移りまして、古建築の専門家でした。西日本を中心とし、文化財保存技術協会の参与になっていて、古建築の修復や復元を行いつつ、片や建築士事務所登録をして社殿などの設計をしていました。私は最初、大阪の田中小西建築事務所に入ったのですが、その後、父の事務所を引き継いだという経緯です。

土佐派の家としては、理論的な意味合いを含めて山本長水さんがいて初めて成り立つ。それに賛同して寄り集まったのが土佐派ということになったと思います。

きっかけとして住宅供給公社のコンペがあって、その時から土佐派という名前がついたのでした。けれど、長水さんを慕って集まったというのが実情じゃないでしょうか。僕自身としては土佐派の価値は、伝統的な構法と素材が、現代建築として通用するということを証明して実際につくって見せたという意味あいが大きいと思っています。

いえづくり'85のコンペ

細木　僕は大学を卒業してすぐに高知に帰ってきました。就職したのがMA設計といいまして、四国で一番人数の多い五〇人くらいの事務所でした。そこで四、五年いました。役所関係や、民間でも規模の大きなものをやっていて、ほとんどがRCや鉄骨の建築でした。

一方で、長水さんが木造で住宅をやっているのを知っていまして、なんだか面白そうだとはたから見ていたのです。木造がやりたいと思い始めて、仕事が終わった後、事務所の先輩のアルバイト仕事で友人と二人で一軒の家を仕上げたことがありました。そこで木造の面白さというのが分かりまして、独立するきっかけになりました。独立後は、住宅を中心としていまして、長水さんとも交流をさせていただき、具体的な長水さんのやり方を横で見ながら、漆喰や木の使い方など、勉強させてもらいました。

そのうち、住宅以外でも仕事ができるようになってきてからも、木が好きで、役所の仕事でもＲＣの依頼があったときは極力木造化を勧めたりしてきました。そうすると役所からも木造の仕事が来るようになりまして、それが今にいたっているような状態です。先を歩いていた長水さんの姿がかっこよくて、それをやってみたいというのがいまだに続いているというわけです。

長水さんとのかかわりは、いえづくり'85のコンペのときに長水さんから声をかけてもらってからです。それから半年ぐらい、週に一回、長水さんの事務所で午後から夜遅くまで、いろんな話をする機会を得ました。

この一緒に提案を考えさせてもらったという経験が身にしみついて、漆喰や和紙について学ばせてもらいました。長水さんと僕の二人だけではなくて、設計以外に木材関係、工務店、建具屋さんなど、いろんな方面から一緒にやれたのはよかったですね。

「スライド会」という名の勉強会

上田　その前後に、僕は長水さんと二人して徹夜で泉北ニュータウンのコンペに応募しました。落ちたけれど、自信はあったんです。長水さんは、市浦健さんのところにいたもので、集合住宅には実績がありましたからね。

細木　実は、私は卒業するとき、設計事務所に行こうと決めていたのですが、東京ではなかなか就職先が決まりませんでした。知人に高知の設計事務所に知り合いはいないかと聞いたら、それならＭＡ設計事務所があると。郷土資料館で新建築に載っていましたから、まったく知らないというわけではありませんでした。

太田　僕は、もともとは高知の一番東端の東洋町出身です。親が建築をやっているわけでもなく、高校から親戚を頼って高知市内に来て、それから東京の明治大学に行ったんです。

卒業がオイルショックの時代だったので、就職先がなかった。たまたま浦良一先生の下で、アルバイトしたり、堀田英二さんのところを手伝ったりしていました。ＭＡ設計事務所に高校の同級生のいとこが総務として勤めていて、人を募集していると聞いて、それが帰ってくるきっかけでした。一六、七人試験を受けて、二人通りました。一九七八年に入社したときは総勢で六二人おりました。僕は最終的には高知空港の計画をして、独立しました。

事務所で連日寝袋で寝るほど忙しい中で設計部長が連れて行ってくれたのが、「スライド会」と呼ばれていた集まり。それぞれの作品を見せ合ってわいわいやるものでした。東孝光さんのところで修行した千頭邦夫さんが持ち込んだやり方です。土佐派の前にそういう人たちがいるのを知りました。

細木さんがＭＡ設計に入って六年目の頃、一緒にやろうと声をかけてくれました。それから職人さんと直接話したり、山のこと、木のことを知るようになりました。細木さんのところに五年いて独立しました。

土佐派については、長水さんが、すでに木材の節物、造林木の並材を使う道をつくっていました。ですから、僕たちがスギで節のあるものを使っていても、高知では抵抗がなくなっていたのです。

松澤　学生のとき、『都市住宅』に水谷頴介さんと長水さんの「垂水の家」が掲載されていて、長水さんの文章に惹かれました。時代の空気は明らかにそれとは違っていたのに、この文章はすごいと思いました。

長水さんのところへ就職活動に行きましたら、帰ってこないほうがいいよ、と言われたんです（笑）。それで、大学の先輩を頼って、東京の事務所に勤めました。子どもが生まれたのを機に、高知に帰ってきて、高知の設計事務所に二年くらいいて独立しました。

高知県住宅供給公社の横浜ニュータウンコンペ

松澤　一九八六年に高知県住宅供給公社の横浜ニュータウン（高知市横浜新町）の設計コンペがありまして、それに入賞した関係で、細木さんに設計監理協会の準会員にならないかと誘われまして、ここにいる土佐派のみなさんと知り合ったわけです。東京の事務所にいるときは、住宅でも無垢材や自然素材にこだわるというような材料に対する思い入れはあまりなくやっていました。しかし、長水さんをはじめ、高知では構造が空間になっていたり、建物に木、土、紙といった素材感があって、こんなに木造って面白いんだなと思いました。

横浜ニュータウンのコンペというのは百三十応募があって、そのニュータウンの中に、上位優秀賞の七点がモデルハウスとして建ったのです。それが新建築住宅特集に紹介されたときに村松貞次郎先生が土佐派という名前をつけて月評を書いてくれた。同じ号に三重県で似通った住宅供給公社のコンペがありましたが、サイディングでクロスを貼った住宅でした。高知のほうは、漆喰や木材がむき出しであったり、その時代の空気とは違ったインパクトがありました。そのあたりから自分たちでも土佐派というようになりました。

それから十年ほどして、高知県設計監理協会の中に土佐派の家委員会をつくりました。一九九五年のことです。

山本　村松貞次郎さんが土佐派という名前を使って批評してくれたのは一九八六年ですけれど、土佐派として活動を始めたのは、橋本大二郎知事が就任してから。一九九五年頃のことです。十年近く経って、こういう名前があったことを思い出して使うようになったのです。

松澤　そうですね。高知の産品を売るというコンセプトで、高知の木や紙や漆喰を使った住宅を県外に売っていこうという考え方でした。つまり、土佐の産材を使って伝統的な技術を生かしながら、現代の感性に合った家づくりをする。それが土佐派なんです。みなさん解釈のしようがあって、バラエティに富んでいるわけです。伝統的なものだけが土佐派じゃない。感性に合ったというのが土佐派であって、どういう方法があるのか、いろいろ議論があっていいということです。

木、土、紙と現代の感性

山本　現代の感性をわれわれの目指すものに持ち込んだので、無限の可能性が出てきたのです。

上田　絵画の土佐派、文学の土佐派、そしてわれわれと、三回目の土佐派だそうです。

松澤　割高になるので、県外で売るというわけにはいきませんでしたけれど、小屋裏や垂木を見せる「見出し」「あらわし」と呼ばれるやり方は建築界では相当インパクトがあって、それが普通になったのは、われわれ以降です。数寄屋でも書院でも日本の伝統の中では木造の構造体を見せていくというのは、それまであまりされてきませんでした。

山本　上田さんが横浜ニュータウンのコンペで一位となって選ばれた作品は、納屋型(図)といっていまして、納屋のような骨組みをそのまま使ったものでした。

上田　数寄屋や書院とは別の系統として、納屋でも立派な商家でも、昔の家は梁を見せていたんですよ。商家ほど凝っているわけではないので、納屋型とした。すでにそれが人々に受け入れられるということを長水さんはいくつもの事例で証明していました。

骨組みがデザインとなる

太田　素朴に単純に骨組みをつくってそれがそのまま意匠デザインになるのは、世界各地で実践されてきているわけですけれど、それに通じていると思います。矩計図を描くと、構造的に必要があって存在しているのか、それとも飾りなのか、すぐ分かってしまう。形のための形にはならないようにと思っています。

松澤　見出し、あらわし、真壁でつくっていると、平面計画をして、後で構造を考えて梁を架ければいいというわけにいかないのです。構造と平面を一緒に考えて全体をイメージしてつくらないとあらわしにならないんです。デザインのためのデザインでなくて、飾りやいらないものがないとてもきれいで、非常にモダンに見えたんです。

学生なんかだと、まず平面をつくってその次に立面を考えるでしょう。けれど、木造住宅で勾配屋根があったら、平面と立面を一緒に考えないと合理的なものはできません。

太田　素直に素材を見せたらいいんです。

——一通りお話をうかがったので、このあたりで山本長水評をお願いします。

太田　わが道を行く。長水さんはずっとそれで来られたということは素晴らしいです。普通は、ビジネスを考えたらいろんなことをやらざるを得ないけれど、そういうことに微動だにせずやってきたのはすごい。

細木　長水さんはパソコンが普及してCAD化する前から、独自の基本的なディテール集を持っていて、実施図面はすべてディテールの組み合わせの第二原図なんです。それくらい合理化した設計を昔からやっていたんですね。昔から決めたことを守り続ける姿勢がある。これは長水さんの一番基本のところ。ただ、それをそのままでなく、ちょっとずつ変えていく。それの積み重ねができるんですよ。

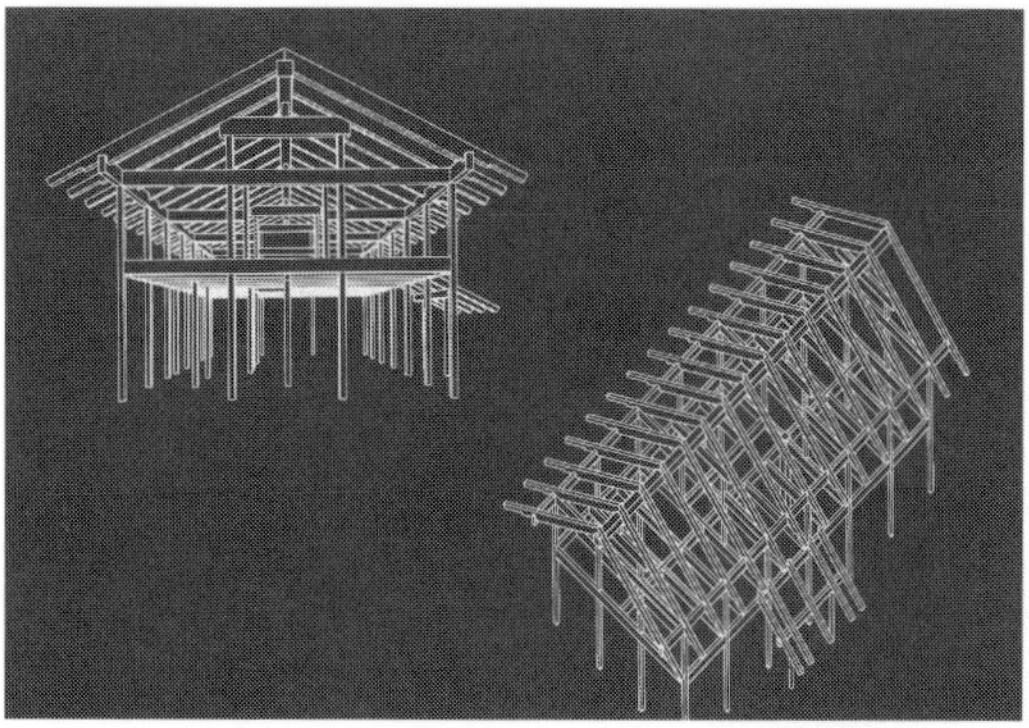

図／納屋型骨組みパース

長水さんのつくり方とその秘密

細木　われわれは、そのつどディテールをあわてて考える。それが趣味みたいなものになっているんですが（笑）。長水さんは、積み重ねてどんどん進歩していくんですね。僕らのほうは、一回一回新しいことを考えるものだから、かえって進歩しない（笑）。

もうひとつは、長水さんと同じような手法で、いろんな人がやっているのですが、長水さんの出来は、抜群なんです。同じような技術を使っても、長水さんのはどこか違うんですよ。時間が経つと最近特にいいと思うんですね。なぜかというと、積み重ねだと思うんですよ。昔からこつこつ積み重ねてきて、大きくは変わっていないけれど、そこがわれわれと違うのではないか。

山本　ディテールや共通した部品を考えておいて組み合わせでつくるのは公営住宅では標準的なやり方です。独立した木造住宅でやるようになったのは、私が最初かもしれません。けれど、伝統的な木造住宅のディテールは、どれも似たようなものですよ。

細木　で、長水さんはモデュールを絶対変えませんし、ずっと一メートル・モデュールです。僕らは敷地とか、予算とか、いろんな条件で九一〇になったり、九五〇になったりそのつど変えるんですけれど、長水さんは、頑として変えない（笑）。

松澤　長水さんと軋轢を感じるのは、長水さんが、いつもこうじゃないといけないと言われるから。僕のつくった建物を見ても、たとえばアルミサッシを使っていると、またサッシを使っている、と、伝統構法じゃないといけないと言われる。そもそも土佐派は現代の感性があっていいという話で出発し、もっと緩い感じだったんですが、収斂していく方向性があって、メンバーも二〇人以上だったのが今は五人になっているんですね。開く方向性なのか、収斂する方向性なのか、軋轢がありますね。

太田　いろんな可能性を試したいというのはありますね。近代建築を全部否定してこれじゃないといけないという話でもないので。そのときまでに準備していつか大きなチャンスがあったら今以上のものをやってみたいということはあると思うんです。

「地方の時代」からポストモダンへ

上田　長水さんのやりかたでやれば、伝統的な素材や構法が現代の建築にそのままで通用する。それが長水さんの最もしたいことなんですね。木や土自体の持っている良さというのが引き出されているからそのままでいいと思うんですね。つくられた感性ではなくて、本物を使うことによってそういう手法がおのずと生まれてくるんじゃないですか。

太田　バブルのときは東京はすごいね、東京で設計事務所をやらなければと思ったんですけれど、長水さんの言うとおり、一番後ろから遅れてついていったら、世の中の流れが変わって、それが先頭になってしまった。大切にすべき価値観が変わってきたり、自然素材的なものとか、循環が可能なものに時代が変わってきたときに回れ右したら、最後尾が先頭の方向になってしまったんです。そんなタイミングがあったと思います。

上田　ちょうど、昭和五十(一九七五)年前後、山本忠司さんが瀬戸内海歴史民俗資料館、高知ではＭＡ設計事務所が高知県立郷土文化会館を設計した頃は、地方の時代と叫ばれましたね。あれで中央のマスコミにも目を向けてくれる先があったところに、われわれは新鮮な形で乗っかったわけです。

太田　確かにそんな感じがしましたね。ポストモダンといって建築業界自身が行く先が見えなくなったときに、高知では、ドンと構えて、そんなものには動じないぞ、という態度でしたから。

松澤　そんなときに、住宅でシックハウスの問題が出てきた。自然素材でつくる家は、二〇〇〇年から二〇〇五年くらいには追い風になり、ずいぶん仕事になりました。

上田　次の地方の時代ですね。二十年周期ぐらいで、マスコミも目先を変えたいという波があるんでしょう。

時代はめぐり変わらぬもの

山本　高温多湿で台風に襲われる気候風土は、時代が変わっても変わらないわけです。昔からあるものは気候風土に耐えているから、安心して使えるのです。

上田　ですから、ちょうど価値を取り上げられるときに出くわすと、評価が高くなり、知事さえも耳を傾けるようになる。

松澤　実際、僕らが今直面しているのは、物理的な構造や耐久性の話ではなくて、家族の形態が変わったり、高知から人がいなくなったり、百年もつ家でも住む人がいなくなるという問題なんです。だんだんありふれた家族形態ではなくなってきて、一人で住まざるを得なくなったりしている。高知の人口減少は、ほかよりも十年先を行っています。

山本　それでも、地方では、あんまりあくせくせずにゆとりを持って生きていくのが許されるのね。

太田　かつてわれわれの生きてきた時代は、地方でもどんどん住宅はできるし、庁舎や学校も建て替えられていくいい時期だったと思う。今では高知の田舎でも、人がいなくなって住宅が余っている。これからの若い人はたいへんだと思いますよ。よっぽどの特徴や強いカラーがないと。

松澤　高知で設計していてありがたいと感じるのは、長水さんが一九六六年に事務所をつくってから住宅で設計料を一〇パーセントもらって、業としても建築家として成り立っていくというロールモデルを示してくれたことです。僕らのような後からついていく人間は、設計料一割ですと楽に言えるんです（笑）。

太田　ただし、高知県建築士会青年部もみな六〇歳を過ぎましたからね。

――最後に、今後の課題、展望を一言ずつお願いします。

細木　木の可能性は、まだずいぶんあると思います。高知県は行政も一生懸命取り組んでいますし、山には木が豊富にある。他県に比べたら、木に対する環境は恵まれています。

太田　木だけではなくて、一人ひとりの大工さんにしろ、木材生産の現場にしろ、少なくなったとはいえ声をかけたら、寄ってくれる人がいる。身近に木や土に触れる場もあるし、墨をつけて加工できる大工さんもいる。単なる組み立て大工ではないんです。

このメンバーにはプレカットという考えはありません。一〇〇パーセント手加工です。家づくりイコール人づくりとしてやってきたし、やっていかなくてはならないことでしょう。これからは、長水さんのところの山の木を丸裸にするくらい伐り出して使っていきたいですね（笑）。

山、木、職人と建築家

山本　近頃、自然乾燥☆☆した材を提供しようとしていますよ。プレカットについて言えば、もともとわれわれは、斜めの登り梁や、一五センチメートルを超えて機械に入らない、プレカット機でできないような設計をしていますからね（笑）。

細木　木造の軸組み構法というのはどんな場合にも、リニューアルしやすい。柔軟性のある構法だと思います。今一番危惧しているのは土壁です。小舞をかく人もいなくなる。竹の生産者がいなくなっているのが切実です。

松澤　地方で直面しているのは、社会構造の変化と、やはり職人さんがいなくなっていくことですね。伝承と人づくりが課題でしょうね。

山本　高知工科大学に教えに行っているのですが、学生が職人がいなくなっているんじゃないですかと聞くんです。それに対して、あなたたちが図面に土佐漆喰と書きさえすればなくならないと言ったんです（笑）。

太田　長水さんがおっしゃるように、今から三十年前なんですけれど、僕らが東京から帰ってきて、木造や漆喰の素材を生かしながら設計したいと考えて、図面の中に初めて土佐漆喰と書いたんですね。思えばわずか三十年前のことなんです。でもそれだけやってくると、年にいくつかでもトータルで相当な数となる。三十年前に火が消えかかっていたのがぽっと火がついたというのは事実としてあると思います。せっかくついた火を消さないようにしないといけないと思っています。

（二〇一五年十一月十二日、高知市南御座、
森の情報館・エコアス馬路村にて収録）

☆……上田虎介。一九六四年―(社)高知県建築設計監理協会初代会長。一九六七年五月―一九七〇年五月(社)高知県建築士会会長

☆☆……秋期に伐倒して二〜四ヶ月葉を付けたまま林内で乾かせ人工的な熱を加えない。省エネで防腐防蟻成分の含まれる木の香り成分が損なわれず残る乾燥方法

資料

年譜／「土佐派の家」の活動

西暦	経歴	作品	影響を与えた出来事
1936	高知県長岡郡長岡村（現南国市）に生まれる（2月8日）		
1942	岡豊小学校入学		
1945	第二次世界大戦終戦。墨塗りの教科書を使う		
1948	岡豊小学校卒業		
1951	岡豊中学校卒業、私立土佐高等学校入学		映画「摩天楼」日本公開
1952	この頃、人生の意味について疑いを持ち始める。 母方の祖父から禅についての本を3冊もらう。 母からあなたは建築家になりなさいと言われる。 関心の中心が電気や機械のことから、哲学や宗教的なことに移る。		
1954	私立土佐高等学校卒業		
1957			酒蔵会館（設計：前川國男）
1959	日本大学工学部（現理工学部）建築学科卒業、（株）市浦建築設計事務所入所		
1960	村上信子と結婚		
1962			レイチェル・カーソン「沈黙の春」
1963	母の死、瘰癧を患う、一級建築士取得		
1964	高知に転居、（株）猪野工務店勤務 地元の職人との付き合い始まる。		
1966	山本長水建築設計事務所開設		
1968	この頃、高知県建築設計監理協会に入会		
1969		かたつむり山荘	
1972	オイルショックとともに設計の仕事が激減する。	三和小学校	ローマクラブ「成長の限界」

	その頃から戦後植えられた木材の間伐材の利用手法について研究を始める。そこで100ミリ角を重ねた重ね梁工法を考え出し使い始める。		「土佐派の家」の活動
1973		しらさ山荘	
1974	県立高知女子大学非常勤講師（～2002）	宮地邸、垂水の家	
1975	この頃、自然農法の福岡正信さんの本『わら一本の革命』に出会う。		
1976	木造骨組みの合理化に関するコンペで（社）日本木質構造材料協会会長賞	熊谷邸、森林学習展示館	
1978	高知県建築設計監理協会会長（～1992）		
1979	日本建築学会評議員（～1981）		
1980		考える村考堂	
1983	日本建築学会評議員（～1985）	県職員住宅	
1984	建設省「いえづくり'85プロジェクト提案競技」特別優秀提案（グループ代表者）		
1985		地場産センター（JV）	
1986		白と黒のある家、あかい甲らの家	横浜ニュータウンコンペ 村松貞次郎さんの月評で評価される ▼大きな家・肘木型（上田、SD Review 入選）
1987	都市美デザイン賞（地場産センター、JV）	大篠保育所、青柳本店改築	村松貞次郎さん「土佐派の住宅」の表現で再び評価
1988	高知大学非常勤講師、 高知市都市美デザイン賞（青柳本店ビル）	引き算の家、橋をもつ家	▼ホテル星羅四万十（西森、公共建築賞 優秀賞） ▼島村写真館（上田、高知市都市美デザイン賞） ▼土佐和紙伝統産業会館・紙の博物館（上田、公共建築賞 特別賞）
1989		戸手野団地	
1990			▼高知市斎場（上田、高知市都市美デザイン賞）
1991		宿毛サニーサイドパーク、時屋	橋本大二郎高知県知事初当選 ▼佐川町小集落地区改良事業・改良住宅建設工事（太田、設計競技最優秀／高知県ゆとりある住まいのコンクール最優秀賞）

※凡例
上田……上田堯世／（株）上田建築事務所
細木……細木茂／（株）細木建築研究所
太田……太田憲男／アクシス建築研究所
松澤……松澤敏明／徳弘・松澤建築事務所
西森……西森啓史／西森啓史建築研究所
山本（恭）…山本恭弘／聖建築研究所
佐藤……佐藤八尋／（株）若竹まちづくり研究所
平山……平山昌信／（有）艸建築工房

1992	日本建築家協会（JIA）四国支部長（〜1996）	岡豊小学校 十市団地木造橋 窪川営林署 天国どろぼう　岡豊小学校	
1993		高知県立美術館（JV） 偉人の家	高知県商品計画機構設立
1994	高知県ゆとりある住まいコンクール知事賞（最優秀賞、偉人の家）		高知県建築設計監理協会内に土佐派の家委員会 ▼国民宿舎桂浜荘（上田・日建設計、高知市都市美デザイン賞） ▼星ヶ岡アートヴィレッヂ（松澤・山本（恭）、高知市都市美デザイン賞）
1995	日本建築学会評議員（〜1997）	中芸高校格技場	書籍『土佐派の家　100年住むために』（PART I） ▼天王7町目の家（太田、高知県ゆとりある住まいのコンクール最優秀賞）
1996	優良木造施設農林水産大臣賞（相愛本社） 高知市都市美デザイン賞（相愛本社）	相愛本社 やなせ杉の家 東津野村船戸団地4号棟	書籍『土佐派の家　技と恵』（PART II） ▼東津野村船戸団地　口細山の家（太田、高知市都市美デザイン賞） ▼高知県立青少年体育館（上田、公共建築賞　優秀賞）
1997	高知市都市美アドバイザー（〜2006） 高知県新いなかデザイン賞大賞（知事賞、相愛本社） 建築フォーラムAF賞		▼雲の上の温泉（細木、日本建築士連合会　私の推薦する作品　最優秀賞）
1998	日本建築学会作品選奨（相愛本社） 日本建築士会連合会私の推薦する作品最優秀賞（中芸高校格技場）	県営住宅十市団地木造棟三階建 中国曳きの家	▼はりまや橋商店街木造アーケード（平山・西森、優良木造施設林野庁長官賞、高知市都市美デザイン賞） ▼高知県立家畜学習館（松澤・佐藤、公共建築賞特別賞）
1999	日本建築学会賞（作品部門、中芸高校格技場） 日本建築学会作品選奨（中芸高校格技場） 高知県文化賞		▼クラブ土佐派の家（（公財）全国税理士共栄会文化財団全税共地域文化賞）
2000		棟二つの家	
2001	県立高知工科大学客員教授（〜現在）	稱名寺 明治さんの家	▼安芸杉本家住宅（上田、大地に還る住宅優秀賞） ▼森の情報館エコアス馬路村（松澤、高知市都市美デザイン賞一般建築部門入賞） ▼佐川町公営住宅三野2号団地（西森・太田、住宅月間国土交通省大臣賞）
2002	JIA名誉会員、 日本建築学会四国支部長（〜2004）		▼高知地方法務局伊野支局（上田、公共建築賞優秀賞） ▼高知市文化プラザかるぽーと（細木・昭和設計、高知市都市美デザイン賞一般建築部門入賞）

	高知市都市美デザイン賞審査員（～2006） JIA25年賞（かたつむり山荘）		▼細木建築研究所（細木、高知市都市美デザイン賞一般建築部門入賞） ▼大きなサンデッキを持つ家（上田、高知市都市美デザイン賞一般建築部門入賞）
2003			▼舎・木訥の家（上田、真の日本の住まい住宅金融公庫総裁賞） ▼高知県長寿命住宅（太田、提案競技最優秀賞） ▼月見ヶ丘の家（西森、高知市都市美デザイン賞住宅建築部門入賞）
2004			▼オーベルジュ土佐山（細木、公共建築賞優秀賞） ▼龍馬の生まれたまち記念館（西森・太田、林野庁優良木造施設優秀賞） ▼一ツ橋の家（太田、高知市都市美デザイン賞一般建築部門入賞）
2005			▼南国・吉岡邸（太田、真の日本の住まい住宅金融公庫総裁賞） ▼光と風をむかえる家（細木、高知市都市美デザイン賞住宅建築部門入賞）
2006	高知県建築設計監理協会建築作品賞審査委員（～2008）	横すべりごめんの家	▼門司赤煉瓦プレイス・交流館（上田、北九州市都市景観賞） ▼龍馬の生まれたまち記念館（西森・太田、高知県建築設計監理協会建築作品賞高知県知事賞） ▼みづき坂のアトリエ（細木、高知県建築設計監理協会建築作品賞入賞） ▼佐竹邸（松澤、高知県建築設計監理協会建築作品賞入賞） ▼ケントビル京町店（西森、高知市都市美デザイン賞一般建築部門入賞）
2007	優良木造施設林野庁長官賞（すこやかクリニック）	すこやかクリニック 高床の家 ひかり井戸の家	▼時を紡ぐ家（西森、高知市都市美デザイン賞一般建築部門入賞、高知県建築設計監理協会建築作品賞高知県知事賞、日本屋根経済新聞社賞 甍賞／景観賞） ▼越屋根を持つ家（松澤、高知県建築設計監理協会建築作品賞山本長水賞） ▼ケントビル京町店（西森、高知県建築設計監理協会建築作品賞入賞）
2008		母の家	書籍『土佐派の家 美しく住まうために』（PART Ⅲ） 「森の未来に出会う旅」に講師として協力開催 ▼ケアハウスあじさいの里（上田、優良木造施設林野庁長官賞） ▼学芸高校創立50周年記念体育館（上田、高知県木の文化賞） ▼佐川町・木造公営住宅荷稲団地（太田、建築仕上学会賞 住宅部門） ▼大里医院（細木、高知県建築設計監理協会建築作品賞高知県知事賞） ▼鳥かごの家Ⅰ（西森、高知県建築設計監理協会建築作品賞山本長水賞） ▼レストランSALA（細木、高知県建築設計監理協会建築作品賞入賞）

2009		三遷の家 中二階の家	国土交通省地域地場活性化推進事業費補助金成果報告書作成 シンポジウムの開催 他
2010		自分の山の木で建てた家 片流れ春野の家	▼輝ポート安田（細木、高知県建築文化賞優秀賞） ▼風井戸の家（西森、高知県建築文化賞優秀賞）
2011			▼ブッタドームとめぐりのもり（上田、高知市都市美デザイン賞） ▼中土佐町立久礼中学校（上田、木材利用優良施設林野庁長官賞） ▼土佐和紙伝統産業会館・紙の博物館（上田、JIA25年賞） ▼あかり格子の家（西森、高知市都市美デザイン賞住宅建築部門入賞） ▼山谷のせせらぐ家（西森、高知市都市美デザイン賞住宅建築部門入賞）
2012	日本建築学会名誉会員		高新文化教室（〜現在） 高知県応急仮設住宅供給計画構築（高知県公募プランに応募） 家づくり勉強会（〜2014）
2014	JIA四国建築賞審査員（〜現在）		▼北村商事本社ビル（細木、高知市都市美デザイン賞一般建築部門入賞）

参考文献「土佐派の家」実例集

1975 「垂水の家」（水谷穎介）……『都市住宅』住宅第10集

1976 「高知から 私の木造住宅論」（山本長水）……『都市住宅』住宅第10集

1976 「軸組工法を合理化した住宅設計案 入選作品」……『AWCOM』No.20

1976 「「木」で家をつくる――産地直送」（山本長水）……『新住宅』8月号

1977 「軸組工法による木造住宅の合理化に関する設計考案」（山本長水）……『高知建築士』第１１０号

1979 「水切りと土佐しっくい」（伊藤憲介）……『住宅』（日本住宅協会）7月号

1980 「在来木造住宅構法の地域特性15 高知県に於ける住宅構法の特徴とその規定要因（1）」（伊藤憲介・山本長水）……『建築技術』No.344

「在来木造住宅構法の地域特性16 高知県に於ける住宅構法の特徴とその規定要因（2）」（伊藤憲介・山本長水）……『建築技術』No.346

1981 「地域に根ざす住宅建築・高知から」（山本長水）……『建築知識』1月号

1984 「いえつくり85特別優秀提案「すぎの家 とさ」」（山本長水）……『日経アーキテクチュア』3月26日号

「美――すぎの家 とさ 建設省主催「いえづくり85プロジェクト提案競技」特別優秀提案賞」（山本長水）……『高知建築士』No.138

「含蓄のある土着の建築手法」（山本長水）……『日経アーキテクチュア』12月31日号

1985 「建築ガイド・高知県」（上田尭世・山本長水）……『建築雑誌』No.1232

「木造住宅の魅力――熊谷邸・かたつむり山荘」（山本長水）……『建築雑誌』No.1234

「引き算の住まい」（山本長水）……『新建築』１９８５ Winter

1986 「横浜ニュータウン住宅設計競技選評」（伊藤憲介）……『高知建築士臨時増刊号』No.144

1986 「多様なニーズへの対応から、公開コンペ、そしてモデル住宅建設へ」（藤村楠正）……『新建築住宅特集』11月

「白と黒のある家」（山本長水）……『新建築住宅特集』11月

「土佐の家 納屋型」（上田尭世）……『新建築住宅特集』11月

「ニューファミリーの家Ⅲ」（谷正博）……『新建築住宅特集』11月

「見晴らし台のある家」（山本恭弘）……『新建築住宅特集』11月

「はねだしの家」（松澤敏明）……『新建築住宅特集』11月

「きつつき学習館」（細木茂）……『新建築住宅特集』11月

「[SDReview,1986]展覧会 木・もく高知 ウッドコミュニティー高知」（上田尭世）……『ＳＤ』８６１２

1987 「高知県の木造住宅・近況（談）」（伊藤憲介）……『新建築住宅特集』2月

「木を編む――すぎの家 とさ の考え方」（山本長水）……『新建築住宅特集』2月

「あかい甲らのいえ」（山本長水）……『新建築住宅特集』2月

「編み目の見える家」（細木茂）……『新建築住宅特集』2月

1988 「高知の住宅設計コンペ」（伊藤憲介）……『建築雑誌』No.1268

「宮崎邸」（記者（山本恭弘））……『家庭画報』4月号

「橋をもつ家」（山本長水）……『新建築住宅特集』11月

「小笠原邸」（山本恭弘）……『新建築住宅特集』11月

1989 「続・木造建築の現在 大きな家〈肘木型〉 ウッドコミュニティー高知」（上田尭世）……『ＳＤ』８９０１

「私の設計拠点 地場材と古来の構法を応用したシステマティックな木造 山中邸・ウッドコミュニティー高知」（上田尭世）……『建築知識』3月

「白と黒のある家 作品選集」（山本長水）……『建築雑誌増刊作品選集』１９８９年

「深見邸」（記者（山本恭弘））……『家庭画報』11月号

1990 「私の町の木の住まい 日本住宅木材技術センター主催設計コンクール」……『ニューハウス』9月号

「深見邸」（山本恭弘）……『新建築住宅特集』11月

「土佐山田の家（自邸）」（山本恭弘）……『新建築住宅特集』11月

１９９１ 「土佐山田の家（自邸）作品選集」（山本恭弘）……『建築雑誌増刊作品選集』１９９１年

「土佐山田の家（自邸）」（山本恭弘）……『日本建築学会編コンパクト設計資料集成』

１９９２ 「土佐山田の家（自邸）」（山本恭弘）……『モダンリビング』No.79

「谷内邸」（山本恭弘）……『ニューハウス』1月号

１９９３ 「引き算の家」（山本長水）……『新建築住宅特集』3月

「ちょっとお宅拝見　福井邸」（大竹静市郎（山本長水））……『毎日グラフ』3月14日号

「森の形 家の形」（山本長水）……季刊『銀花』１９９３年秋、第95号

１９９４ 「県産材を使い構築　風土と家族に馴染ませた土佐百年の家　嶋川邸」（大竹静市郎（山本長水））……『新イマどきの家』

１９９５ 「地場産材で新土佐民家型を試した２０００万台の家　長沢邸」（大竹静市郎（上田尭世））……『ニューハウス』1月

「上田邸」（記者（山本恭弘））……『ニューハウス』1月

「高知が発信する住宅――「土佐派の家」へ」（伊藤憲介）……『新建築住宅特集』1月

「土佐山田の家II（下元邸）」（山本恭弘）……『新建築住宅特集』1月

「偉人の家」（山本長水）……『新建築住宅特集』1月

「木造住宅を建てようとする人のために」（伊藤憲介）……『森のおくりもの』（高知県木材協会）

「高知・木造住宅の現在」（伊藤憲介）……『土佐派の家』

『土佐派の家　１００年住むために』（ダイアモンド社）、共著（中谷正人編）

「土佐山田の家II（下元邸）作品選集」（山本恭弘）……『建築雑誌増刊作品選集』１９９４―１９９５

「土佐派の家の目ざすもの」（山本長水）……『新建築』8月

「土着の伝統に学ぶ」（山本長水）……『建築雑誌』No.1379

「土佐山田の家（自邸）」（山本恭弘）……『新建築選　現代建築の軌跡』

１９９６ 「吉良川邸」（記者（山本恭弘））……『日経アーキテクチュア』1月15日号

『土佐派の家 PARTII　技と恵』（ダイアモンド社）、共著（中谷正人編）

「葉山村酒蔵ホール」（山本恭弘／佐藤八尋）……『新建築』5月

「二重構造で耐久性を求めた家」（山本恭弘）……『現代住宅設計モデル集３』（新日本法規出版）

「方形プランの家」（山本長水）……『現代住宅設計モデル集４』（新日本法規出版）

「高知県立清水高校格技場」（上田尭世）……『新建築』12月

「葉山村あったかハウス」（記者（山本恭弘））……『高知の家づくり百科』（高知新聞社）

１９９７ 「「土佐派の家」奮戦記」（中谷正人）……『新建築住宅特集』6月

「田中邸」（記者（山本恭弘））……『家庭画報』6月号

「１００年以上快適に住まえる家（１）（２）（３）」（山本長水）……『建築士』No. 538–540

「相愛本社・高知県立中芸高校格技場・土着の建築手法が生き延びる」（山本長水）……『新建築』9月

１９９８ 「目代邸」（記者（山本恭弘））……『新しい住まいの設計』1月号

「[私の推薦する作品]県立中芸高校格技場」（阪田誠造・信清猛）……『建築士』1月号

「相愛本社　作品選奨」（山本長水）……『建築雑誌増刊作品選集』１９９８年

「土佐山田の家（自邸）」（村松伸（山本恭弘））……『建築雑誌』3月

「田中邸」（記者（山本恭弘））……『ＴＯＴＯ住空間』3月

「１００年以上快適に住まえる家（７）（８）（９）」（山本恭弘）……『建築士』No. 538–540

「地場産の木材を活用したハイブリッド構法　梼原町松原体育館」（編者（上田尭世））……『ディテール』１９９８年春、第１３６号

「高知県立中芸高校格技場　特選作品」（山本長水）……『木の学校選集』

「土佐山田の家（自邸）（建築巡礼四国88ヶ所 29番札処選定）」（山本恭弘）……『建築巡礼四国88ヶ所ガイドブック』（社）日本建築家協会四国支部

「地場材重ね梁の連続アーチ」（編者（山本長水））……『ディテール』１９９８年秋、第１３８号

「現代の本瓦葺きとガラストップライト　東山邸」（編者（山本恭弘））……『ディ

テール』１９９８年秋、第１３８号

「梼原町雲の上のプール」（編者（細木茂））……『アクアウェルネス』No.18

「県営住宅十市団地木造棟３階建・近未来の建築のマナー」（山本長水）……『新建築住宅特集』12月

「オーベルジュ土佐山」（細木茂）……『新建築』12月

「土佐山田の家Ⅱ（下元邸）」（記者（山本恭弘））……『百年住める家を建てる』（朝日新聞社）

１９９９

「寛ぎのおいしい宿　オーベルジュ土佐山」（記者（細木茂））……『家庭画報』２月号

「「土佐派の家」を語る」（座談会記事、細木他）……『AICA EYES』Vol.30

「土佐派はどこまでもエコロジカルに」（山本長水）……『AICA EYES』Vol.30

「梼原町松原体育館・梼原体育館」（上田尭世）……『新建築』３月

「高知県立中芸高校格技場　作品選奨」（山本長水）……『建築雑誌増刊作品選集』１９９９年

「梼原町雲の上のプール」（細木茂）……『新建築』４月

「葉山村酒蔵ホール」（山本恭弘／佐藤八尋）……『建築設計資料70 コミュニティーセンター２』１９９９年４月

「オーベルジュ土佐山」（編者（細木茂））……『アクアウェルネス』No.19

「高知県立中芸高校格技場　日本建築学会賞（作品）」（山本長水）……『建築雑誌』No.1442

「土着の建築手法に未来を探る」（山本長水）……『桜門建築会会報』No.57

「巻頭言「愛すべき土着の素材とそのディテール」」（山本長水）……『ディテール』１９９９年秋、第１４２号

「土着の建築手法をベースにした「土佐派の家」の試み　建築学の視点から」（山本長水）……『（社）日本建築学会四国支部　創立50周年記念誌』

「住宅力がついてきた「生き延びた丸太の桟敷」」（山本長水）……『新建築住宅特集』11月

「武骨に木を編む―建築家山本長水の世界」高知放送放映、12月29日

２０００

「大事な人はスギの家に　高知スギを活用した住まいづくりの可能性報告」（伊藤憲介・山本長水）……『住宅と木材』３月

「安全弁を組み込んだ住文化」（山本長水）……『群居』No.50

２００１

「求められる21世紀の建築語と文法」（山本長水）……『建築雑誌』１月号

「土佐山田の家」（山本恭弘）……『建築設計資料集成―居住』

２００３

「稱名寺本堂」（山本長水）……『新建築』２月

「土佐山田の舎（改修・増改築）」（山本恭弘）……『新建築』２月

「みづき坂のアトリエ」（細木茂）……『新建築』２月

「土壁・左官の活用とその意義（古くて新しい21世紀の工法）」（山本長水）……『建築知識』２月

「しっくいと「ミース」の意外な融合　細木建築研究所アトリエ」（記者（細木茂））……『日経アーキテクチュア』10月13日号

「連載講座　木造住宅と環境対策Ⅰ～Ⅵ」（山本長水）……『建築士』２００３年10月（VOL.52）―２００４年３月（VOL.53）

２００４

「稱名寺本堂」（山本長水）……『作品選集２００４』３月

「土佐山田の舎」（山本恭弘）……『作品選集２００４』３月

「くらし 連載 土佐派の家（１）―（33）」「「土佐派の家」の連載を終えて」（山本長水）……『高知新聞』毎週日曜日（―２００５年）

２００５

「土佐山田の家（Ⅱ）（下元邸）」（山本恭弘）……『家づくり名人』（住宅建築増刊　建築資料研究社）

２００７

「里山の林地に立地する木造の事務所」（山本長水）……『建築設計資料集成―環境』

「天井懐なしの合理的モジュール」（山本長水）……『建築知識』２月

「高知市立・龍馬の生まれたまち記念館」（高知県建築士会「龍馬委員会」、龍馬のまちを考える建築士グループ）……『新建築』３月

「佐川町公営住宅・荷稲団地」（西森啓史建築研究所、アクシス建築研究所）……『新建築』３月

「土佐流家創りのススメ」（対談　山本長水・細木茂・塩田正興）……『kikan kochi』２００７年春 No.24

「稱名寺本堂」（山本長水）……『美しく住む（伝統木構造の会）』Vol.1

「高知県立中芸高校格技場／引き算の家」（山本長水）……『環境建築ガイドブック』

2008
「緑・ガレージの舎／吉良川邸」（山本恭弘）……『環境建築ガイドブック』
「現代の名匠① 山本長水」（山本長水、聞き手：鈴木博之）『建築画報』Vol.44
『土佐派の家 PART Ⅲ』（山本長水＋土佐派の家委員会）『土佐派の家』出版委員会

2011
「伝統的構法による木造住宅の実践例　土佐派の家――土着の手法」（山本長水）……『建築技術』2月
「建築・空間デジタルアーカイブスコンソーシアム（DAAS）」（山本長水・山本恭弘）……HP 2011年
「UIA東京大会　事例報告　土着の手法による土佐派の家つくり」（山本長水）……『大会冊子』

2012
「UIA東京大会「コミュニティ・アーキテクツ」シンポジウム」（記者（山本長水））……『建築士』1月（VOL.61）
「地域振興と公営住宅「土佐派の家」つくり」（山本長水）……（社）日本住宅協会機関誌『住宅』1月

2013
『入門 住宅ディテールの表と裏（県立中芸高校格技場）』（山崎健一（山本長水））彰国社
「建築家模様　木を編む秘密の花園――土佐派の懐」（兼松紘一郎（山本長水））……『建築ジャーナル』3月
「地域に根ざす住宅建築「土佐派の家」」（山本長水）……『建築知識』700号、3月
『森の叫び――嶺北を愛した田岡秀昭 三十年の軌跡』「森の叫び」刊行委員会
「地域からの便り　高知からの便りVol.1 土佐の夏の住まい」（山本長水）……（一社）環境共生住宅推進協議会HP http://chiiki.kkj.or.jp/2013summer_info/130810_tosahavol1/
「ラメラルーフ（薄葉屋根）の体育館　中土佐町立久礼中学校」（上田堯世）……『ディテール』2013年秋、第198号
「長尺の地場産材による木の香の残る病棟　すこやかな杜」（山本長水）……『ディテール』2013年秋、第198号

2014
「地域からの便り　高知からの便りVol.2 土佐の冬の住まい」（山本長水）……（一社）環境共生住宅推進協議会HP http://chiiki.kkj.or.jp/2014winter_info/140218_tosavol2/
「現代の名匠」（聞き手鈴木博之（山本長水））……『建築画報社』2月
「公開フォラム／伝統的木造住宅と省エネルギー」（記者（山本長水））……『日経ホームビルダー』5月
「公開フォラム／伝統的木造住宅と省エネルギー」（記者（山本長水））……『NPO木の建築』7月、No.39
「公開フォラム／伝統的木造住宅と省エネルギー」（山下浩一（山本長水））……『建築士』8—10月号

2015
「心して葺くべし――葺師村山廣典の仕事」高知放送放映、12月26日

●著者紹介

山本長水 やまもと・ひさみ

1936年2月8日 高知県長岡村(現南国市)に生まれる
1959年 土佐高校を経て日本大学工学部(現理工学部)建築学科卒業
1959年 市浦建築設計事務所勤務(−64年)
1964年 猪野工務店勤務(−66年)
1966年 山本長水建築設計事務所を設立、現在に至る
1978年 高知県建築設計監理協会会長(−92年)
1992年 日本建築家協会四国支部長(−96年)
1999年 日本建築学会賞(作品部門)、高知県文化賞
2002年 日本建築学会四国支部長(−04年)

山本長水の本をつくる会

上田堯世(上田建築事務所)
細木茂(細木建築研究所)
太田憲男(アクシス建築研究所)
松澤敏明(徳弘・松澤建築事務所)
中山信二(中山建築デザイン研究所)
戸田幸生(建築家会館)

●取材協力

高知県立中芸高校/相愛・永野正展/稱名寺・早瀬源慶/森と匠きんごろう ほか

●協力

西森秀一/土佐派ネットワークス事務局/山本長水建築設計事務所 ほか

発刊にあたって

株式会社建築家会館は、わが国における建築家の活動拠点としての会館の建設をめざし、1961年、建築家前川國男を中心とする約180名の建築家の出資により設立された会社です。

主な事業として、①渋谷区神宮前に建設した会館建物の維持管理、②建築家賠償責任保険などの取扱い、③建築家クラブの運営、そして④建築家に関する書籍の出版を行うなど、建築家の活動を側面から支援しております。

多くの優れた建築家がその人生を建築にささげ、建築文化の発展に寄与してきた事実を記録として後世に伝えるとともに、広く社会に知らしめることが大切と考え、当社では「建築家会館の本」をシリーズで刊行しています。

鬼頭梓氏、大谷幸夫氏、上遠野徹氏、本間利雄氏、椎名政夫氏、池田武邦氏、内田祥哉氏、阪田誠造氏に続き、今回は高知を拠点に半世紀、「土佐派の家」の活動など、地域の恵みと技による建築を追求して来られた山本長水先生の執筆です。「建築家会館の本9:建築家の土着――地域の知恵と『土佐派の家』の仲間たち」と銘打って刊行しました。

本書の企画にあたり、さまざまな形でご支援いただいた皆様に感謝いたしますとともに、今後ともご指導ご鞭撻を賜りますようお願い申し上げます。

株式会社建築家会館 代表取締役 **野生司 義光**

[建築家会館の本]

建築家の土着 地域の知恵と「土佐派の家」の仲間たち

2016年7月20日 初版第1刷発行

企画	株式会社建築家会館
編著者	山本長水+山本長水の本をつくる会
発行者	企業組合建築ジャーナル 小田保彦 〒101-0032 東京都千代田区岩本町3-2-1 共同ビル(新岩本町)4F TEL: 03-3861-8104 FAX: 03-3861-8205 HP: http//www.kj-web.or.jp
編集	西川直子
写真	井上 玄
装丁・カバー	奥村輝康
本文デザイン	村上 和
校正	岩田敦子
印刷・製本	英華印刷有限会社

定価はカバーに表示されています

ISBN 978-4-86035-103-8

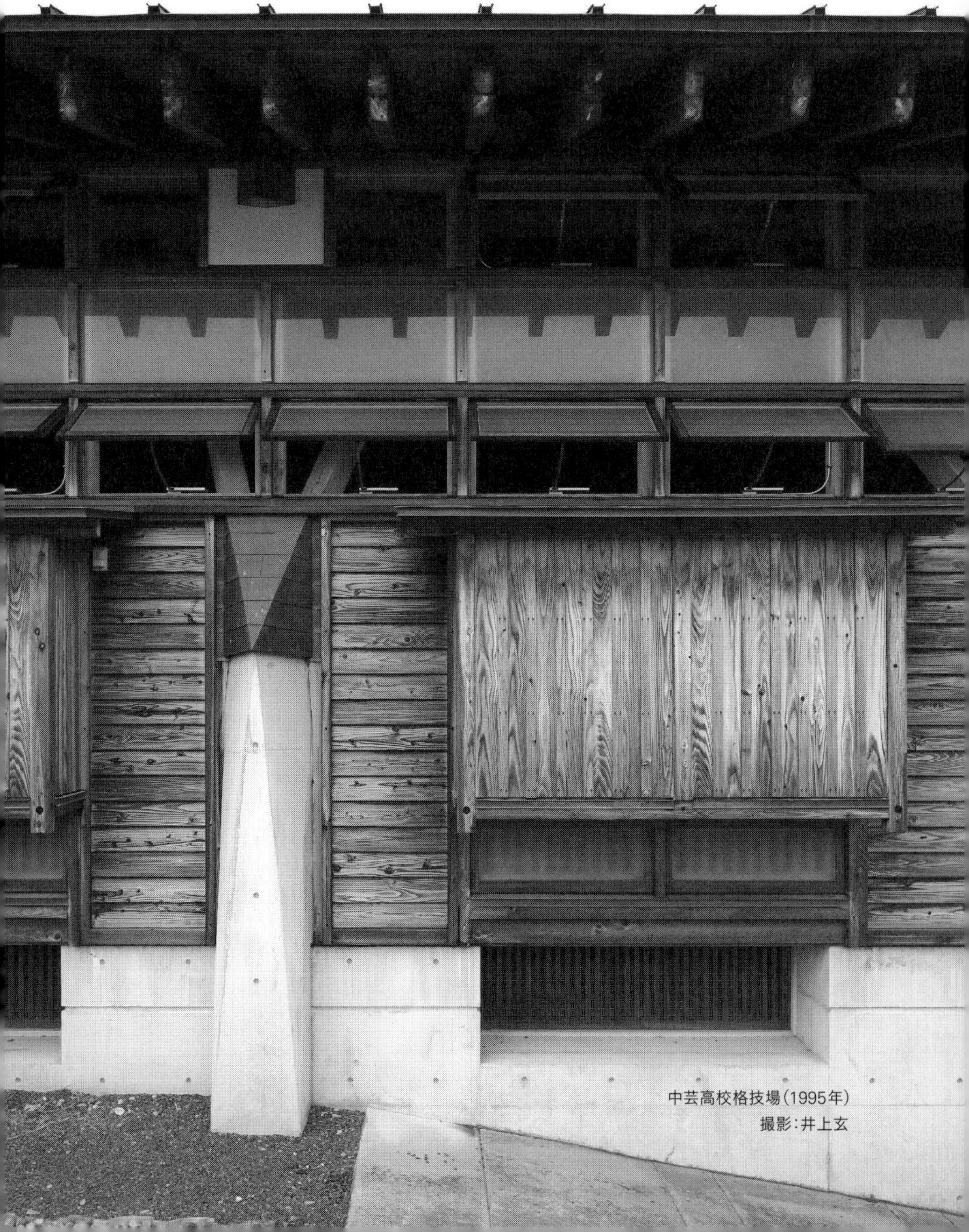

中芸高校格技場(1995年)
撮影:井上玄

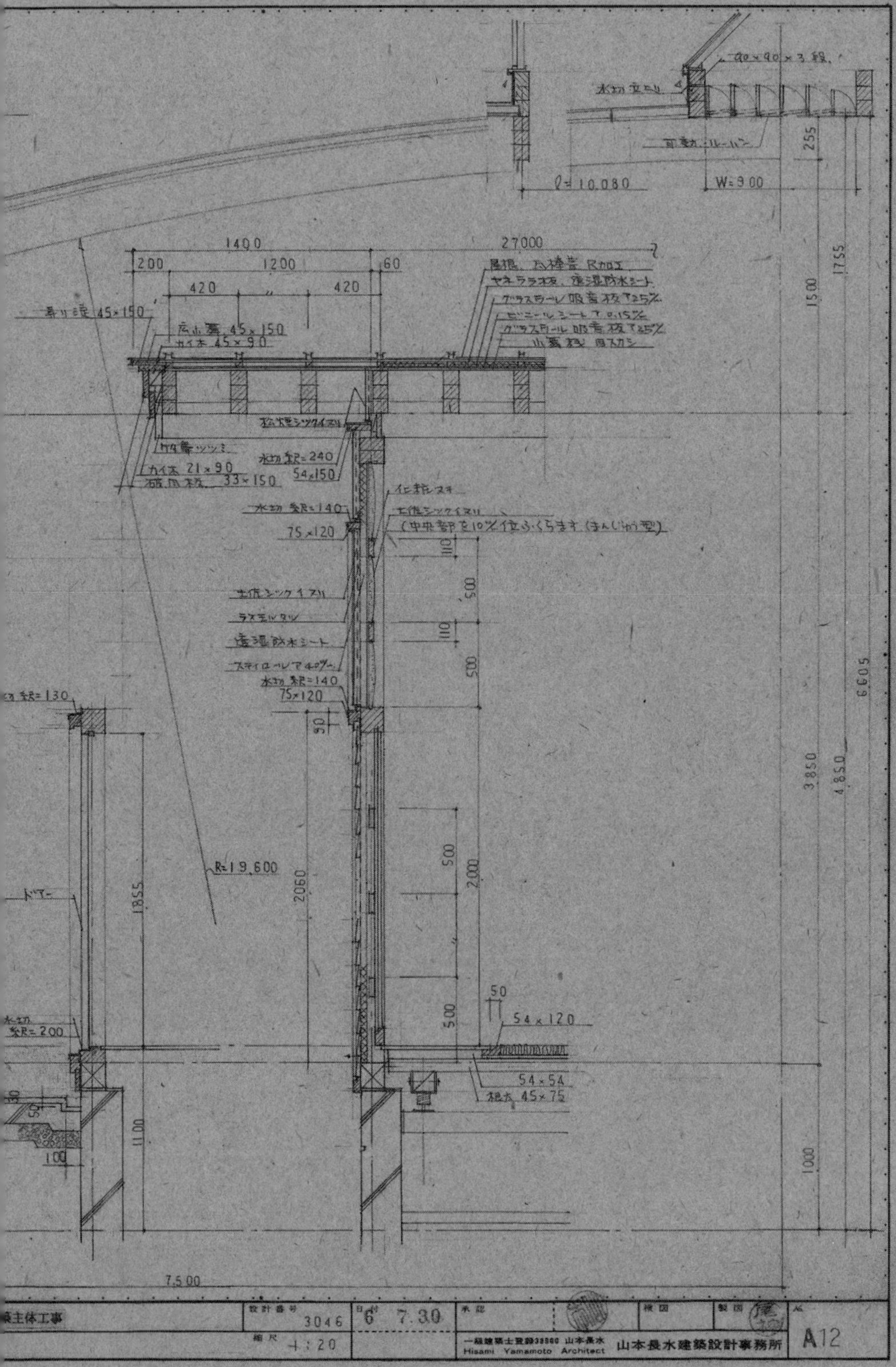

主体工事	設計番号 3046	日付 6 7.30	承認	検図 / 製図
	縮尺 1:20		一級建築士登録33560 山本長水 Hisami Yamamoto Architect	山本長水建築設計事務所	A12